© ZS Verlag GmbH
München
1. Auflage 2015
ISBN 978-3-89883-497-1

Grafische Gestaltung	Irene Schulz, Claudia Hautkappe
Fotografie	siehe Bildnachweis (Seite 169)
Rezepte	Michaela Baur
Redaktion	Martina Solter, Katinka Holupirek
Herstellung & Lithografie	Jan Russok, Peter Karg-Cordes
Druck & Bindung	Mohn Media Mohndruck GmbH, Gütersloh

 Beim Druck dieses Buchs wurde durch den innovativen Einsatz
der Kraft-Wärme-Kopplung im Vergleich zum herkömmlichen Energie-
einsatz bis zu 52 % weniger CO2 emittiert.

Besuchen Sie uns auch im Internet unter www.zsverlag.de und
auf Facebook unter www.facebook.com/zsverlag

ECHT
WINTERKÜCHE

Über 100 kreative Rezepte von Michaela Baur

INHALT

Meine Winterküche

Als Winterkind liebe ich den Winter, die Kälte und den Schnee. Der Winter hat für mich etwas Sinnliches. Die Gerüche und Aromen von Gewürzen, das Knirschen des Schnees und das kuschelige Gefühl, in Wolle eingepackt zu sein. Alle diese Gefühle und Gerüche finden sich in meiner Winterküche wieder.

Es ist die Fülle der Gewürze, die nicht nur eng mit der Weihnachtsbäckerei verbunden ist, sondern auch Eintöpfe, Braten und Saucen verfeinern. Die Aromen von Anis, Kardamom, Zimt und Co. verleihen meinen Winterrezepten eine besondere Raffinesse. Neben Gewürzen sind Nüsse und Zitrusfrüchte typische Zutaten in der Winterzeit. In Kombination oder als Solisten passen sie toll zu typischen Wintergerichten mit Kohl und Wild.

Wenn es draußen kalt und ungemütlich ist, dann ist es Zeit für Schmorgerichte, die langsam im Ofen garen und dabei nach und nach ihren köstlichen Duft im Haus verbreiten. Die perfekten Stunden, um gemütlich mit einem Buch und einer Tasse Tee auf der Couch zu liegen und den Winter zu genießen. All diese Komponenten, die Gewürze, die typischen Wintergemüse und die Zitrusfrüchte, aber eben auch die Ruhe und Gelassenheit, die der Winter oftmals mit sich bringt, sind nicht nur Balsam für die Seele, sondern stärken auch unsere körpereigenen Abwehrkräfte. Eine perfekte Kombination!

Um Ihnen Lust zu machen, gleich mit dem Kochen loszulegen, finden Sie meine persönlichen Lieblings-Wintergerichte jeweils als Step-by-Step Rezept.

Nun wünsche ich Ihnen eine schöne Winterzeit, viel Muße am Herd und genussvolle Stunden beim Genießen der Gerichte aus diesem Kochbuch an einem warmen, kuscheligen Ort.

Michaela Baur

DAS WICHTIGSTE VORAB

1 Im Winter immer nur Kohl?

Ganz und gar nicht! Denn auch im Winter ist die Auswahl an frischem Gemüse groß. Die Natur bringt neben allerlei Kohlarten viele verschiedene Wurzeln und Knollen hervor, die die Winterküche bunt und abwechslungsreich machen.

2 Wie bleibe ich gesund?

Nichts einfacher als das: Denn heimisches Wintergemüse ist mit seinen ausgewogenen Nährstoffen perfekt auf unsere besonderen Bedürfnisse in der kalten Jahreszeit abgestimmt. So werden die Abwehrkräfte aufs Köstlichste gestärkt.

3 Liegen Linsen schwer im Magen?

Ganz im Gegenteil: Gerade Hülsenfrüchte sind leicht zu verdauen – und haben außerdem nur wenige Kalorien. Zudem liefern sie wertvolle pflanzliche Proteine und gesunde Ballaststoffe.

4 Wo bleibt der Frischekick?

Auf den müssen Sie nicht verzichten, auch wenn draußen Schnee liegt: Mit diesen Tipps (siehe Seite 18) bringen Sie trotz Kälte knackige und fruchtig-frische Gerichte auf den Tisch!

VIELFALT IM WINTER

Was erwarten wir von einer echten Winterküche? Wärme an frostigen Tagen, einen gut gefüllten Magen und ein wohliges Gefühl von „zu Hause sein" – Speisen also, die Leib und Seele guttun. Und köstlich schmecken!

1. WENN DIE TAGE KÜRZER WERDEN

Ganz zu Unrecht hält sich die Vorstellung, dass sich das Angebot an Gemüse in den Wintermonaten allein auf Kohl beschränkt. Dabei hat die Natur mit einer Vielzahl verschiedener Wurzeln, Knollen und unterschiedlicher Kohlsorten für die kalte Jahreszeit vorgesorgt. Manche Sorten entfalten gerade bei frostigen Temperaturen ihr volles Aroma (z.B. Rosenkohl, Grünkohl), andere eignen sich hervorragend zum Einlagern und stehen so bis ins Frühjahr hinein zur Verfügung. Das Angebot in der Gemüseabteilung ist heutzutage mehr als reichhaltig – das ganze Jahr über haben wir die Möglichkeit, auf importiertes Gemüse und Obst zurückzugreifen. Dabei ist gerade heimisches Gemüse bestens auf unsere Bedürfnisse in der kalten Jahreszeit abgestimmt. Die hohen Gehalte an Vitamin C und sekundären Pflanzenstoffen in Kohl und Co. sorgen für eine Stärkung unseres Immunsystems und bewahren uns damit vor so mancher Schnupfennase. Ein anderes weitverbreitetes Vorurteil, nämlich dass typische Wintergerichte vor allem schwer zu verdauen und verantwortlich für ordentlich Winterspeck auf der Hüfte sind, lässt sich mühelos entkräften: Probieren Sie mal eine Suppe aus Wintergemüse: Schmeckt herrlich cremig, ist leicht verdaulich, versorgt den Körper mit Vitaminen und Mineralstoffen, macht warm und satt, aber nicht dick. Wintergemüse ist vielfältig, reichhaltig und abwechslungsreich. Lassen Sie sich von all den Möglichkeiten inspirieren, denn ab jetzt können Sie sich auf die kalte Jahreszeit freuen!

2. WURZELN, KNOLLEN & CO.

Wurzeln, Knollen und Rüben, zusammengefasst unter dem küchentechnischen Oberbegriff Wurzelgemüse, gehören botanisch zum Knollen- und Rübengemüse. Deren essbare Speicherwurzeln wachsen meist unter der Erde. Die Pflanze konzentriert darin, auch bei frostigen Temperaturen gut vom Erdreich geschützt, alle Nährstoffe, die sie zum Wachsen benötigt. Zum Wurzelgemüse zählen z.B. Möhren, Pastinaken, Rote Bete, Schwarzwurzel, Steckrüben und Topinambur.

Umso abwechslungsreicher Sie Wintergemüse genießen, desto besser sind Sie mit Nährstoffen versorgt, die nicht zuletzt vor Krankheiten schützen. In der Küche kann Wurzelgemüse auf ganz unterschiedliche Art Verwendung finden: Möhren oder Topinambur schmecken auch ganz einfach ungeschält als Rohkost. Ganz allgemein beim Verarbeiten von Gemüse gilt auch in der Winterküche: Je naturbelassener und frischer, desto mehr gesunde Inhaltsstoffe bleiben erhalten.

3. WAS DEM KÖRPER JETZT GUTTUT

Draußen ist es dunkel, kalt und ungemütlich, und am liebsten möchte man sich die Decke über den Kopf ziehen und erst im Frühling wieder hervorkriechen: Dagegen hilft alles, was dem Körper Kraft gibt und Leib und Seele wärmt. Besonders der Mangel an Sonnenlicht kann der Psyche zu schaffen machen, deshalb sollte man auch bei Wind und Wetter zumindest für ein paar Minuten die Nase vor die Türe stecken. Das hebt die Laune nachhaltig und stärkt zusätzlich

das Immunsystem. Um den Körper anschließend wieder aufzutauen, empfiehlt sich ein Gericht mit wärmenden Kräutern, wie z.B. Rosmarin, dessen Inhaltstoffe anregend auf den Organismus wirken. Fürs innere Gleichgewicht bieten die Wintermonate unzählige Möglichkeiten: Laden Sie Familie und Freunde zum Punschtrinken ein, verdoppeln Sie einfach die Menge für den Eintopf, und genießen Sie die Zeit für ein geselliges Essen in gemütlicher Runde.

Kohl & Co.

Damit kommt Abwechslung auf den Tisch.

KOHL IN ALL SEINER VIELFALT

Weißkohl ist die in Deutschland beliebteste Kohlsorte und Hauptzutat für den hier sehr begehrten Krautsalat.

Wirsing wird als erste Kohlsorte im Jahr geerntet. Bis in den Sommer hinein ist er fein und zart im Geschmack.

Rotkohl – oder Blaukraut? Verantwortlich für diese Diskussion sind die natürlichen Farbstoffe, die die Farbe mal mehr ins Bläuliche, mal mehr ins Rötliche verändern. Grund dafür ist der Säuregehalt, sowohl im Boden als auch im Kochtopf.

Blumenkohl enthält viel Vitamin C und wenig Kalorien. Durch seine Blätter ist er vor Licht geschützt, weshalb die Blütenknospen weiß bleiben.

JUNG & AROMATISCH NACH DEM ERSTEN FROST

Grünkohl wird nur zur Hälfte zubereitet: Strunk und Rippen sind hart und ungenießbar. Bei 4 bis 5 °C wandelt sich die im Kohl enthaltene Stärke in Zucker um. Das macht ihn mild und leicht verdaulich.

Rosenkohl wird nach dem ersten Frost geerntet, denn dann tritt sein charakteristischer Eigengeschmack deutlicher hervor. Er wird zart im Aroma und schont die Verdauung.

ALTES NEU ENTDECKT

Schwarzwurzeln müssen geschält werden, bevor sie zubereitet werden können. Dabei sollte man unbedingt Handschuhe tragen, denn sie färben ab! Ihr leicht süßer, nussiger Geschmack ist aber jede Arbeit wert.

Steckrüben wurden zum Glück aus dem Dornröschenschlaf erweckt! Ihr orangefarbenes Fruchtfleisch und ihr milder Geschmack sind beinahe grenzenlos in der Winterküche einsetzbar.

Topinambur klingt exotisch, ist aber eine pflegeleichte kohlenhydratreiche Wurzel, die im Winter mit kleinen Sonnenblumen austreibt. Roh erinnert Topinambur an den Geschmack von Artischocke, gegart entwickelt sich das süßlich-nussige Aroma der Wurzel.

SCHÄTZE UNTER DER ERDE

Rote Beten sind gerne in Gesellschaft von Meerrettich, aber auch das Aroma von Orangen bringt Frische in die erdige Knollen. Ob mariniert als Carpaccio oder im farbenfrohen Zusammenspiel mit Kürbis und Pastinake als Ofengemüse, Suppe oder Püree – sie sind immer ein Hingucker.

Pastinaken sind sehr mild im Geschmack und deshalb vor allem bei Kleinkindern beliebt. Äußerlich sind sie leicht mit Petersilienwurzeln zu verwechseln. Diese gehören zum klassischen „Suppengrün" und verleihen Suppen und Eintöpfen die nötige Würze.

Hülsenfrüchte

Hülsenfrüchte sind aus einer ausgewogenen Ernährung praktisch nicht mehr wegzudenken, denn ihr hoher Gehalt an pflanzlichem Protein und Ballaststoffen macht sie zu echten Kraftpaketen. Planen Sie bei getrockneten Hülsenfrüchten unbedingt genügend Zeit zum Einweichen ein, am besten über Nacht.

1_BERGLINSEN mit ihrem feinen Aroma eignen sich gut für Salate, Suppen, Eintöpfe oder zum Keimen.

2_BELUGALINSEN verdanken ihren Namen dem gleichnamigen Kaviar – und wirken genauso edel auf dem Teller!

3_ROTE LINSEN sind bereits geschält, weshalb sie ohne Einweichen und mit einer kurzen Garzeit von 10 bis 15 Minuten auskommen.

4_KICHERERBSEN enthalten Phasin, deshalb das Einweichwasser bitte immer wegschütten und die Kichererbsen gut abspülen.

5_KIDNEYBOHNEN benötigen eine lange Einweich- bzw. Kochzeit. Eine gute Alternative ist Dosenware, die bereits gekocht ist.

6_GETROCKNETE ERBSEN sind reich an Stärke und werden deshalb gern als Mus oder Suppe zubereitet.

7_CANNELLINIBOHNEN sind Allrounder und harmonieren toll mit Gewürzen wie Fenchel, Anis oder Kümmel.

Frisch bei Frost

Die Zeiten von zerkochtem Kohl sind vorbei – mit diesen Tipps bringen Sie Farbe und Frische in die Winterküche.

TRICKS FÜR GEMÜSE MIT BISS

Pfannenrühren Die Vorbereitung ist etwas zeitaufwendiger, denn alles Gemüse muss gleichmäßig klein geschnitten werden. Dafür geht die Zubereitung anschließend umso schneller: Zuerst die Zutat mit der längsten Garzeit in die Pfanne (oder Wok) geben und unter ständigem Rühren bissfest braten.

Blanchieren Etwas nur kurz in sprudelnd kochendes (Salz-)Wasser geben, herausheben und danach sofort kalt abschrecken nennt man blanchieren. Das Abschrecken bewirkt, dass der Garprozess unterbrochen wird, das Gemüse knackig und seine kräftige Farbe erhalten bleibt. Blanchierter Brokkoli z.B. schmeckt mit einer Marinade aus Zitronensaft und Nussöl, serviert mit gerösteten Mandelblättchen und Granatapfelkernen.

Rohkost zubereiten Als Zubereitungsart nicht zu übertreffen, wenn es um Frische geht: Die jeweilige Gemüseart putzen, waschen, nach Belieben schälen und in Stifte oder Scheiben schneiden. Dazu passen verschiedene Dips und Dressings, wie z.B. eine Orangenvinaigrette.

»Übrigens: Wenn Kohl nur kurz gegart wird, entsteht kein unangenehmer Geruch.«

FRUCHTIG & KNACKIG

Früchte im Salat Granatapfelkerne schmecken im Rotkohlsalat, Orangenfilets oder Kumquatscheiben passen zu eher bitteren Winterblattsalaten. Besonders gut harmonieren fruchtige Marinaden mit intensiv schmeckenden Nussölen, wie z.B. Haselnussöl, Walnussöl oder Kürbiskernöl.

Nüsse liefern den nötigen Biss und enthalten gesunde Mineralstoffe und ungesättigte Fettsäuren. Ihr volles Aroma entfalten sie, wenn sie vor der Verwendung kurz in der Pfanne geröstet werden. Da sie verhältnismäßig viel Fett enthalten, sollte man dabei keines zusätzlich hinzufügen.

Früchte in Hauptgerichten Heimisches Lagerobst wie Äpfel und Birnen ergänzt mit seiner Fruchtigkeit wunderbar das Aroma von Wild (siehe Rezept S. 99) oder Käse. Auch Ziegenkäse harmoniert toll mit in Butter und Zucker karamellisierten Apfelscheiben.

KNACKIG & VITAL

Sprossen Mit frischen Sprossen kann man die verschiedensten Speisen verfeinern und sich zusätzlich mit Vitaminen und Mineralstoffen versorgen. Sprossen lassen sich ohne großen Aufwand auf der eigenen Fensterbank ziehen. Samen und geeignete Behälter erhalten Sie im gut sortierten Supermarkt.

Kresse Die Keimlinge der Kresse sind ebenfalls echte Vitaminlieferanten und warten auch in der kalten Jahreszeit mit ihrem würzig-frischen Aroma auf. Die Samen der Gartenkresse sprießen auf einem mit Wasser getränkten Küchenpapier bereits nach wenigen Tagen.

ECHT GUTES FLEISCH

Egal, ob in der Suppe, aus dem Schmortopf oder dem Ofen –
so passt Fleisch perfekt zum Winter.

1. JETZT HAT WILD SAISON

Passend zur Jagdsaison in Herbst und Winter kommt
bei uns häufig Wildfleisch (auch Wildbret genannt)
auf die Teller. Beliebt sind wegen ihres aromatischen,
saftigen und zarten Fleisches Hirsch und Reh, wobei
die Rücken- und Filetstücke besonders edle Teile
sind. Aber auch Keule und Schulter eignen sich bestens zur Zubereitung. Qualitativ hochwertiges Wildfleisch bekommen Sie entweder direkt beim Jäger
Ihres Vertrauens, im Wildhandel oder in gut sortierten Metzgereien. In Zeiten der Massentierhal-
tung bekommt Wildfleisch eine zusätzliche Qualität:
Die Tiere leben in der Natur oder werden in Freige-
hegen gehalten, ihr Fleisch bleibt frei von Zusätzen
und ist besonders fettarm. Gleichzeitig ist es reich
an Eiweiß, Eisen und Omega-3-Fettsäuren. Trotz
allem sollte man bei der Zubereitung besonders auf
die Hygiene achten und das Fleisch auf eine Kerntemperatur von mindestens 60 °C erhitzen (am besten mit einem Fleischthermometer prüfen), um eventuell vorhandene Keime unschädlich zu machen.
Wildbret eignet sich deshalb auch nicht zum rohen
Verzehr. Moderne Kühltechnik und damit kürzere
Abhängzeiten lassen Wildfleisch heutzutage viel weniger „wildeln" im Geschmack; wer will, kann das
Fleisch aber dennoch über Nacht in Buttermilch einlegen, das macht das Aroma noch milder. Die rich-
tigen Kräuter dazu runden alles ab: Besonders gut
zum typischen Wildgeschmack passen Majoran,
Thymian, Rosmarin, Lorbeer, Piment, Nelken und
Wacholderbeeren. Tolle Begleiter zu Wildbret sind
Pilze, Wurzelgemüse und fruchtige Beilagen wie
Obst oder Beeren.

2. WAS LANGE WÄHRT ...

So manches klassische Wintergericht entsteht im Schmortopf. Beim Schmoren wird das Schmorgut zunächst angebraten, damit sich Röstaromen bilden können, die für den kräftigen Geschmack verantwortlich sind. Anschließend wird es in Brühe, Fond oder kräftigem Rotwein bei 100 bis 175 °C mit geschlossenem Deckel geschmort – und das braucht Zeit. Fleisch mit viel Bindegewebe eignet sich dafür am besten, denn es sorgt als Geschmacksträger für viel Aroma. Das Fleisch sollte immer in bereits erwärmte Flüssigkeit gegeben werden, damit es nach dem Anbraten nicht wieder abkühlt, und bei nicht allzu hoher, aber konstanter Temperatur gegart werden. Geeignete Töpfe sind Bräter mit Deckel, idealerweise aus Gusseisen, weil es die Wärme speichert und über einen langen Zeitraum konstant halten kann. Übrigens ist diese Form der Zubereitung nicht nur den Fleischgerichten vorbehalten: Auch Fisch, Gemüse und Pilze gelingen bestens im Schmortopf!

3. VOM HERD & AUS DEM OFEN

Auf dem Herd lassen sich besonders zarte Fleischstücke schonend pochieren bzw. gar ziehen: Dabei wird das Kochgut in der Flüssigkeit knapp unter dem Siedepunkt sanft gegart. Ideal für Fleisch mit wenig Bindegewebe eignet sich das Kurzbraten, wobei kleinere Stücke zunächst bei starker Hitze (180 bis 200 °C) rundum angebraten werden. Anschließend die Hitze reduzieren und fertig garen. Vor dem Anschneiden einige Minuten ruhen lassen, dann wird es schön saftig.

Bitte niemals vorher salzen, denn Salz entzieht dem Fleisch die Flüssigkeit, lieber während oder nach dem Braten würzen. Braten am Stück gelingen bestens im Ofen. Wer will, kann den Braten direkt auf dem Ofengitter zubereiten: Dafür das Fleisch rundum mit Fett bestreichen, unbedingt eine Fettpfanne unterschieben und regelmäßig mit Flüssigkeit übergießen. Bei der Garprobe bitte nicht anstechen, sondern lieber mit einem Löffel drücken: Fühlt es sich fest an, ist es gar.

Winter voller Würze

Gewürze verleihen jeder Speise den nötigen kulinarischen Kick und können gerade im Winter noch eine Menge mehr!

GEWÜRZE, DIE WÄRMEN & ENTSPANNEN

Safran ist eine Krokusart, aus deren Blüten die Stempelfäden getrocknet und als Gewürz verwendet werden. Für 1 kg Safran benötigt man etwa 190 000 Blüten, die in Handarbeit gepflückt werden – das erklärt, warum Safran das teuerste Gewürz der Welt ist. In einem medizinischen Lehrwerk von 1440 heißt es, Safran bringe die Leute zum Lachen und „ließe sie in Freude schweben".

Ingwer ist das perfekte Gewürz für den Winter: Er wärmt, schützt vor Erkältung, hilft aber auch bei Völlegefühl nach einem fetten Essen. Am besten würzt man Speisen mit frisch geriebenem Ingwer erst am Ende der Zubereitung, so behält er seine Frische.

Meerrettich enthält viel Vitamin C und wird heutzutage in der Heilkunde verwendet, um die Abwehrkräfte zu stärken und vor Erkältungskrankheiten zu schützen. Zudem ist er reich an bakterienhemmenden und krebsvorbeugenden Stoffen. Übrigens kann er auch bei Kopfschmerzen helfen: dazu ein wenig Meerettich reiben und den Duft einatmen. Seine anfängliche Schärfe verfliegt an der Luft bereits nach wenigen Minuten.

Wacholderbeeren sind eigentlich Beerenzapfen und schmecken leicht bitter, etwas süßlich bis harzig. Da sich das Aroma nur langsam aus den Wacholderbeeren löst, werden sie lange mitgekocht. Am besten entfaltet es sich, wenn man die Beeren vor Gebrauch leicht andrückt.

Kümmel ist eines der wenigen Gewürze, die auch in Deutschland angebaut werden. Deshalb verwundert es nicht, dass man ihn in vielen traditionellen Gerichten findet. Nicht ohne Grund werden fette Speisen und Kohlgerichte mit Kümmel gewürzt, denn er ist das beste pflanzliche Mittel gegen Blähungen und Völlegefühl.

Vanille gilt als die Königin der Gewürze. Botanisch korrekt ist die Vanille eine Kapselfrucht und keine Schote, die jedoch der Hauptaromaträger der Pflanze ist. Die darin enthaltenen Aromastoffe können durch Aufkochen in Milch, Sahne oder anderer Flüssigkeit gelöst werden. In der Volksheilkunde gilt Vanille als beruhigend und entspannend.

Zimt ist eines der ältesten Gewürze, das angeblich schon 3000 v. Chr. in China verwendet wurde. Die fingerdicken Stangen, die gerollte und getrocknete Rinde des Zimtbaums, werden als Pulver verwendet oder im Ganzen mitgekocht. Bereits gemahlenen Zimt sollte man nicht zu lange aufbewahren. Sein Aroma harmoniert besonders mit Süßspeisen, Früchten oder Gebäck, aber auch Fleisch- und Gemüsegerichten verleiht er eine besondere Note.

Muskatnuss gilt in der Volksmedizin als Aphrodisiakum und Hypnotikum, denn sie enthält das ätherische Öl Myristicin. In kleinen Mengen ist der Genuss aber völlig unbedenklich. Im Gegenteil, es wirkt antibakteriell, entzündungshemmend und entkrampfend. Man sollte Muskatnuss immer frisch über die Speisen reiben.

1

5

3

2

4

Früchte & Nüsse

Nüsse und Zitrusfrüchte bereichern die Winterküche mit Farbe, Biss und Frische – und natürlich jeder Menge gesunder Inhaltsstoffe.

1_ORANGE / BLUTORANGE enthält neben Vitamin C auch viel Eisen und Phospor.

2_LIMETTE verleiht durch ihre feine Säure frisches Aroma. Verwendet wird meist ihr Saft.

3_KUMQUAT wird mit Schale und Kernen gegessen und enthält doppelt so viel Vitamin C wie Orangen.

4_ZITRONE sollte man zurückhaltend dosieren. Ein Spritzer vom Saft reicht, um einem Gericht säuerliche Frische zu verleihen.

5_MANDARINE / CLEMENTINE enthält viel Vitamin C und Provitamin A. Die Clementine ist wegen ihrer wenigen Kerne sehr beliebt.

6_PEKANNUSS ist reich an mehrfach ungesättigten Fettsäuren sowie an Zink und Vitamin B_1.

7_WALNÜSSE haben einen besonders hohen Gehalt an Linolsäure, einer Omega-3-Fettsäure.

8_PINIENKERNE sind die Samen der Pinie, die in den Zapfen wachsen und aufwendig herausgelöst werden.

9_MARONEN enthalten viele Kohlenhydrate und sind bereits geschält und vorgegart erhältlich.

SALATE &
KLEINE GERICHTE

Blue-Cheese-Salad
mit Cranberrys und Nüssen

ZUTATEN FÜR 4 PERSONEN

60 g Blauschimmelkäse
(z. B. Roquefort oder Gorgonzola)

⅛ l Gemüse- oder Hühnerbrühe

1 EL Ahornsirup (oder Honig)

2 EL Weißweinessig

125 g Crème fraîche

2 EL Walnussöl

Salz · Pfeffer aus der Mühle

1 EL Puderzucker

100 g Walnusskerne
(oder Pekan- oder
Haselnusskerne)

½ Baguette (vom Vortag)

2–3 kleine Salatköpfe
nach Saison (z. B. Endiviensalat,
Eichblattsalat, Radicchio)

100 g getrocknete Cranberrys

ZUBEREITUNG // 🕐 25 min

1 Für das Dressing Käse, Brühe, Ahornsirup, Essig, Crème fraîche und Öl in einen hohen Rührbecher geben. Mit dem Stabmixer kräftig durchmixen und mit Salz und Pfeffer würzen.

2 Den Puderzucker in einer Pfanne karamellisieren. Die Nüsse dazugeben und unter Rühren 1 bis 2 Minuten rösten. Auf ein mit Backpapier belegtes Brett geben und auskühlen lassen. Mit einem Messer grob hacken und beiseitestellen.

3 Den Backofen auf 220 °C vorheizen. Das Baguette so dünn wie möglich in Scheiben schneiden und auf ein mit Backpapier belegtes Backblech legen. Im Ofen auf der mittleren Schiene goldbraun rösten.

4 Den Salat putzen und gut waschen. Trocken schleudern, grob zerpflücken und in einer großen Schüssel mit dem Dressing mischen. Dann mit den Brotscheiben auf Teller verteilen und mit Nüssen und Cranberrys bestreut servieren.

TIPP *Nach Belieben können Sie dazu auch Apfel-, Birnen- oder Feigenspalten servieren. Für eine im Geschmack mildere Variante wählen Sie einfach den etwas weniger kräftigen Gorgonzola dolce.*

Sellerie-Apfel-Salat
mit Haselnüssen

ZUTATEN FÜR 4 PERSONEN

30 g gehobelte Haselnusskerne
300 g Knollensellerie
2 säuerliche Äpfel
(z. B. Elstar oder Braeburn)
etwas Zitronensaft
150 g griechischer Joghurt
1–2 EL Milch (oder Sahne)
Salz · Pfeffer aus der Mühle

ZUBEREITUNG // ⏱ 20 min

1 Die Haselnussblättchen in einer Pfanne ohne Fett goldbraun rösten. Den Sellerie putzen, schälen, waschen und in Spalten schneiden. Die Äpfel vierteln, schälen und die Kerngehäuse entfernen. Den Sellerie und die Äpfel auf dem Gemüsehobel in schmale Streifen hobeln, mischen und sofort mit Zitronensaft beträufeln.

2 Den Joghurt mit der Milch, Salz und Pfeffer in eine Salatschüssel geben, verrühren und mit den Gemüsestreifen mischen. Die Haselnüsse unterheben und den Salat mit Salz, Pfeffer und Zitronensaft abschmecken. Den Sellerie-Apfel-Salat nach Belieben auf Salatblättern anrichten. Dazu passt Baguette.

Möhren-Orangen-Salat
mit Koriander und rosa Pfefferbeeren

ZUTATEN FÜR 4 PERSONEN

1 Bio-Orange
je ¼ TL Kreuzkümmelsamen und
Korianderkörner
2 EL Zitronensaft
Salz · Pfeffer aus der Mühle
1 TL flüssiger Honig
4 EL Olivenöl
2 große dicke Möhren
(à ca. 200 g)
1 Handvoll Korianderblätter
1 TL rosa Pfefferbeeren

ZUBEREITUNG // ⏱ 20 min

1 Die Orange heiß waschen, trocken reiben und die Schale fein abreiben. Die Orange so großzügig schälen, dass auch die weiße Haut entfernt wird. Mit einem scharfen Messer die Fruchtfilets zwischen den Trennhäuten herausschneiden, dabei den abtropfenden Saft auffangen. Die Kreuzkümmelsamen und die Korianderkörner im Mörser fein zerstoßen. Den Orangen- und den Zitronensaft mit Salz, den Gewürzen, dem Honig und dem Olivenöl verquirlen.

2 Die Möhren putzen, schälen und mit dem Sparschäler längs in hauchdünne Scheiben schneiden. In einer Schüssel mit dem Orangendressing mischen. Den Koriander waschen und trocken schütteln, grob schneiden und mit den Orangenfilets unter die Möhren heben. Den Möhrensalat mit den Pfefferbeeren bestreuen und nach Belieben mit Weißbrot servieren.

Marinierte Rote Bete

mit Granatapfeldressing

ZUTATEN FÜR 4 PERSONEN

600 g frische, kleine Rote Beten
(mit Grün)
Salz
1 TL Kreuzkümmelsamen
1 TL Koriandersamen
1 Radicchio
50 g Haselnusskerne
1 Granatapfel
3 EL Apfelessig
1 EL Honig
1 EL Zitronensaft
3 EL Öl
1 EL Walnussöl
Meersalz
Pfeffer aus der Mühle

ZUBEREITUNG // 🕐 30 min // ▦ 45 min // 💧 30 min

1   Die Roten Beten putzen und die Blätter beiseitelegen. Reichlich Salzwasser in einem Topf erhitzen, den Kreuzkümmel und den Koriander dazugeben und die Knollen mit der Schale darin etwa 45 Minuten bissfest garen. Abgießen, ausdampfen lassen, schälen und achteln (dabei am besten Einweghandschuhe tragen).

2   Die Roten-Beten-Blätter waschen und trocken tupfen. Den Radicchio putzen, die Blätter ablösen, waschen und trocken schleudern. Die Haselnüsse grob hacken.

3   Für die Vinaigrette den Granatapfel rundum andrücken, halbieren und die Kerne mit einem Löffel herauslösen. Den Essig mit dem Honig, dem Zitronensaft und den beiden Ölsorten verrühren. Mit Salz und Pfeffer würzen und die Granatapfelkerne untermischen.

4   Die Roten Beten in einer Schüssel mit der Hälfte des Dressings mischen und mindestens 30 Minuten marinieren. Den Radicchio auf Teller verteilen und die marinierten Roten Beten und die Roten-Beten-Blätter darauf verteilen. Mit der übrigen Vinaigrette beträufeln und mit den Haselnüssen bestreut servieren. Dazu passt frisches Landbrot.

TIPP   *Um lästige Flecken auf Kleidung und Oberflächen zu vermeiden, können Sie den Granatapfel auch unter Wasser schälen: Dafür einfach eine große Schüssel mit kaltem Wasser füllen und die Frucht darin eingetaucht halbieren und entkernen.*

Herbstsalat
mit Walnüssen und Trauben

ZUBEREITUNG // 🕐 20 min

1 Die Salatblätter putzen, waschen und trocken schleudern. In mundgerechte Stücke zupfen. Die Trauben waschen und halbieren, nach Belieben die Kerne entfernen. Die Birne waschen, vierteln und das Kerngehäuse entfernen. Die Birnenviertel längs in feine Spalten schneiden.

2 Für die Vinaigrette beide Essigsorten mit dem Birnendicksaft, Salz und Pfeffer verrühren. Nach und nach Oliven- und Walnussöl mit dem Schneebesen unterschlagen.

3 Die Walnüsse in einer beschichteten Pfanne ohne Fett anrösten. Die Salatblätter gut mit der Vinaigrette mischen und auf Tellern verteilen. Die Trauben, die Birnenspalten und die Walnüsse darüber verteilen.

ZUTATEN FÜR 4 PERSONEN

300 g gemischte Salatblätter
(z. B. Eichblattsalat, Radicchio,
Lollo rosso, Frisée)
je 100 g grüne und blaue Weintrauben
1 kleine Birne
je 2 EL Apfel- und Weißweinessig
2 TL Birnendicksaft
Salz · Pfeffer aus der Mühle
je 4 EL Oliven- und Walnussöl
80–100 g Walnusskerne

ZUTATEN FÜR 4 PERSONEN

300 g Feldsalat
300 g gemischte Pilze (Champignons,
Austernpilze, Shiitake-Pilze)
100 g durchwachsener Räucherspeck
(am Stück)
1 EL Öl
4 EL Apfelessig
Salz · Pfeffer aus der Mühle
Zucker
4 EL Olivenöl
4 EL Kürbiskernöl

Feldsalat
mit gebratenen Pilzen und Speck

ZUBEREITUNG // 🕐 20 min

1 Den Feldsalat verlesen, waschen und trocken schleudern. Die Pilze putzen, falls nötig, mit Küchenpapier trocken abreiben und je nach Größe halbieren oder vierteln. Den Speck in kleine Würfel schneiden.

2 Das Öl in einer Pfanne erhitzen und den Speck darin knusprig braten. Herausnehmen und die Pilze im Speckfett braten. Die Pilze herausnehmen und auf Küchenpapier abtropfen lassen.

3 Für die Vinaigrette Essig, Salz, Pfeffer und 1 Prise Zucker verrühren. Oliven- und Kürbiskernöl nach und nach mit dem Schneebesen unterschlagen.

4 Den Feldsalat mit den Pilzen und dem Speck auf Tellern anrichten und die Vinaigrette darüberträufeln.

Mein Lieblingsrezept für...
Wintersalat

FELDSALAT MIT OFENMÖHREN UND KUMQUATS

🕐 20 min // ▦ 25 min // FÜR 4 PERSONEN

1 Für den Feldsalat 150 g Feldsalat verlesen, waschen und trocken schütteln. Die Wurzelansätze mit einem Messer entfernen.

2 Den Backofen auf 200 °C Umluft vorheizen. Für die Ofenmöhren 500 g Möhren putzen, schälen und längs halbieren, dickere Stücke vierteln. In einer Auflaufform mit 3 EL Olivenöl mischen und mit 1 TL Zucker, Salz und Pfeffer würzen. Im Ofen auf der mittleren Schiene etwa 25 Minuten garen, bis sie fast weich sind.

3 100 g Ziegenkäserolle in 4 Scheiben schneiden. In einer Pfanne 20 g Haselnusskerne ohne Fett anrösten und anschließend grob hacken. 3 Kumquats waschen und in Scheiben schneiden, dabei die Kerne entfernen. Die Kumquatscheiben nach 15 Minuten zu den Möhren in den Ofen geben.

4 Für die Vinaigrette 2 EL Aceto balsamico mit 2 EL Orangensaft und 4 EL Walnussöl mischen und mit Salz und Pfeffer abschmecken.

5 Den Feldsalat auf Teller verteilen und mit den Möhren und Kumquats belegen. Jeweils 1 Scheibe Ziegenkäse daraufgeben und mit den Haselnusskernen bestreuen. Mit der Vinaigrette beträufeln und warm servieren.

Chicoréesalat
mit geräucherter Entenbrust

ZUBEREITUNG // 🕐 25 min

1 Die Mandeln in einer Pfanne ohne Fett anrösten. Den Chicorée putzen und den Strunk keilförmig herausschneiden. Die Blätter einzeln ablösen, waschen und trocken schütteln. Den Rucola verlesen, waschen und trocken schütteln, grobe Stiele entfernen. Das Basilikum waschen, trocken schütteln und die Blätter abzupfen. Die Entenbrust in 2 mm dünne Scheiben schneiden.

2 Für die Vinaigrette den Granatapfel rundum andrücken, halbieren und die Kerne mit einem Löffel herauslösen. Essig, Honig, Öl, Salz und Pfeffer in einer Schüssel verrühren. Die Granatapfelkerne unterrühren.

3 Die Chicoréeblätter mit dem Rucola und dem Basilikum auf Teller anrichten und die Entenbrustscheiben darauf verteilen. Mit den Mandeln bestreuen und mit der Granatapfelvinaigrette beträufeln.

ZUTATEN FÜR 4 PERSONEN

4 EL Mandelblättchen

2 Chicorée

150 g Rucola

2 Stiele Basilikum

400 g geräucherte Entenbrust

1 Granatapfel

4 EL Aceto balsamico

1 TL flüssiger Honig

5 EL Walnussöl

Salz · Pfeffer aus der Mühle

700 g kleine festkochende
Kartoffeln · Salz
100 g gemischte Sprossen (z. B. Alfalfa-,
Radieschensprossen)
1 Bio-Zitrone
2 EL Weißweinessig
1 EL Reissirup
½ TL scharfer Senf
2 TL geriebener Meerrettich (frisch oder
aus dem Glas)
Pfeffer aus der Mühle
5 EL Traubenkernöl
1 Bund Koriander
2 Frühlingszwiebeln
1 Romana-Salatherz

Kartoffelsalat
mit Sprossen

ZUBEREITUNG // 🕐 20 min // 🍳 20 min

1 Die Kartoffeln waschen und mit der Schale in Salzwasser nicht zu weich garen. Abgießen, kurz ausdampfen lassen, pellen und längs halbieren oder in Spalten schneiden.

2 Die Sprossen heiß abbrausen und abtropfen lassen. Für die Marinade die Zitrone heiß waschen, trocken reiben und etwas Schale fein abreiben. Den Saft auspressen. Die Zitronenschale und den -saft mit Essig, Reissirup, Senf, Meerrettich, etwas Salz und Pfeffer verrühren, dabei nach und nach das Öl unterschlagen.

3 Den Koriander waschen, trocken schütteln und die Blätter abzupfen. Die Frühlingszwiebeln putzen und waschen. Das Weiße in Stücke, das Grün in feine Ringe schneiden. Die Kartoffeln, die Sprossen, den Koriander und die Frühlingszwiebeln in einer Schüssel mit der Marinade mischen. Den Kartoffelsalat nochmals mit Salz und Pfeffer abschmecken und etwa 20 Minuten ziehen lassen.

4 Den Romanasalat waschen und in die einzelnen Blätter teilen. Diese auf Schälchen verteilen und den Kartoffelsalat darauf anrichten.

Linsensalat
mit Portulak

ZUTATEN FÜR 4 PERSONEN

300 g Puy-Linsen
600 ml Gemüsebrühe
2 Möhren
2 Stangen Staudensellerie
5 EL Olivenöl
4 Frühlingszwiebeln
3–4 EL Weißweinessig
1 TL scharfer Senf
1 TL flüssiger Honig
Salz · Pfeffer aus der Mühle
1 Handvoll Winterportulak
4 kleine geräucherte Forellen-
filets (à 150 g; ohne Haut)

ZUBEREITUNG // 🕐 20 min // 📟 25 min

1 Die Linsen in einem Sieb abbrausen. Die Gemüsebrühe in einem Topf zum Kochen bringen und die Linsen darin 20 bis 25 Minuten bissfest garen.

2 Inzwischen die Möhren putzen, schälen und in kleine Würfel schneiden. Den Sellerie putzen, waschen und in Scheiben schneiden. In einer Pfanne 1 EL Olivenöl erhitzen und das Gemüse darin bei mittlerer Hitze andünsten. Die Frühlingszwiebeln putzen, waschen, in Ringe schneiden und zum Schluss untermischen.

3 Die Linsen in ein Sieb abgießen, kalt abschrecken und gut abtropfen lassen. In einer Schüssel mit dem Gemüse mischen.

4 Essig, Senf, Honig, Salz, Pfeffer und das restliche Olivenöl verrühren und unter den Linsensalat mischen.

5 Den Portulak verlesen, waschen und trocken schütteln. Den lauwarmen Linsensalat auf tiefe Teller verteilen, je 1 Forellenfilet darauflegen und mit dem Portulak garniert servieren.

INFO *Winterportulak, oder auch Postelein, erinnert geschmacklich an Spinat und enthält viel Vitamin C, Eisen und Calcium. Die Puy-Linsen heißen übrigens nach ihrem ursprünglichen Anbauort, Puy de Dôme in der Auvergne.*

Süßkartoffelpuffer
mit Wirsing-Pilz-Gemüse

ZUBEREITUNG // 🕐 25 min // ▭ 35 min

1 Für die Puffer Süßkartoffeln und Petersilien-wurzeln schälen und raspeln. Die Speisestärke mit wenig kaltem Wasser glatt rühren. Die Gemüseraspel mit Thymian und Mandeln mischen, die Speisestärke unterrühren und mit Salz und Pfeffer würzen.

2 Für das Gemüse den Wirsing putzen, in einzelne Blätter teilen und die Blattrippen entfernen. Die Blätter in Streifen schneiden. Die Pilze putzen und in Scheiben schneiden. Schalotten schälen, in feine Würfel schneiden und in 1 EL Butterschmalz andünsten. Den Wir-

sing dazugeben und kurz mitbraten. Brühe und Sahne angießen und zugedeckt bei mittlerer Hitze 15 Minuten garen.

3 Etwas Öl in einer Pfanne erhitzen. Von der Puffermasse kleine Portionen in die Pfanne setzen und flach drücken. Bei mittlerer Hitze rundum etwa 8 Minuten braten. Herausnehmen und auf Küchenpapier abtropfen lassen.

4 Pilze im restlichen Butterschmalz braun anbraten, unter das Gemüse mischen und mit Salz, Pfeffer und Zitronensaft abschmecken.

ZUTATEN FÜR 4 PERSONEN

Für die Puffer

500 g Süßkartoffeln

150 g Petersilienwurzeln

30 g Speisestärke

2 EL getrockneter Thymian

60 g Mandelstifte

Salz · Pfeffer aus der Mühle

4 EL Öl

Für das Gemüse

1 kleiner Wirsing (ca. 500 g)

300 g Kräuterseitlinge

2 Schalotten · 2 EL Butterschmalz

300 ml Gemüsebrühe · 200 g Sahne

Salz · Pfeffer aus der Mühle

1–2 TL Zitronensaft

ZUTATEN FÜR 4 PERSONEN

400 g mehligkochende Kartoffeln
Salz · 1 ¼ EL ganzer Kümmel
1 Zwiebel · 60 g Butter
je 1 EL Koriander- und
schwarze Pfefferkörner
200 g saure Sahne
getrockneter Majoran
frisch geriebene Muskatnuss
2 EL Schnittlauchröllchen

Kartoffelkäs
pikant gewürzt

ZUBEREITUNG // ⏱ 20 min // 🍳 20 min

1 Die Kartoffeln mit der Schale gründlich waschen und in Salzwasser mit ½ TL Kümmel 20 Minuten weich garen. Die Kartoffeln abgießen, ausdampfen lassen und möglichst heiß pellen. Noch warm durch die Kartoffelpresse in eine Schüssel drücken.

2 Die Zwiebel schälen und in feine Würfel schneiden. In einer Pfanne 2 EL Butter erhitzen und die Zwiebel darin andünsten. Koriander- und Pfefferkörner sowie den restlichen Kümmel im Mörser grob zerstoßen.

3 Die Zwiebel, die saure Sahne und die restliche weiche Butter unter die durchgedrückten Kartoffeln rühren. Den Kartoffelkäs mit Salz, Majoran, Muskatnuss und den zerriebenen Gewürzen würzen.

4 Zum Schluss die Schnittlauchröllchen unter den Kartoffelkäs rühren. Den Kartoffelkäs am besten noch lauwarm mit dunklem Bauernbrot servieren.

Gefüllter Bratapfel
mit Meerrettichwirsing

ZUTATEN FÜR 4 PERSONEN

Für den Bratapfel
1 Scheibe Toastbrot
2 EL Butter
150 g Brät (vom Metzger)
120 g Sahne
80 g gekochter Schinken
(gewürfelt)
1 EL gehackte Petersilie
4 kleine Äpfel (à 150 g)
100 ml Apfelsaft
150 ml Gemüsebrühe
2 Streifen
Bio-Zitronenschale
½ Zimtrinde
1–2 Scheiben Knoblauch
5 Wacholderbeeren
1 Lorbeerblatt
½ TL schwarze Pfefferkörner
einige Petersilienblätter
Für den Wirsing
1 Wirsing (ca. 800 g)
Salz
200 g Sahne
2–3 EL Sahnemeerrettich
(aus dem Glas)
3 EL kalte Butter
Chilisalz
frisch geriebene Muskatnuss

ZUBEREITUNG // 🕐 35 min // 🍳 50 min

1 Für den Bratapfel das Toastbrot in kleine Würfel schneiden. Die Brotwürfel in 1 EL Butter bei mittlerer Hitze hell anbraten. Herausnehmen und auf Küchenpapier abtropfen lassen.

2 Den Backofen auf 200 °C vorheizen. Das Brät mit 1 bis 2 EL Sahne glatt rühren, die Brot- und Schinkenwürfel und die Petersilie untermischen. Die Masse in einen Spritzbeutel mit Lochtülle füllen.

3 Die Äpfel waschen und trocken reiben. Von den Äpfeln Deckel abschneiden und die Kerngehäuse großzügig ausstechen. Das Bratwurstbrät in die Äpfel spritzen und die Deckel wieder darauflegen.

4 Eine ofenfeste Form mit der restlichen Butter einfetten, den Apfelsaft und die Brühe hineingießen. Zitronenschale, Zimt, Knoblauch, Wacholderbeeren, Lorbeerblatt, Pfefferkörner und Petersilienblätter hinzufügen. Die gefüllten Äpfel in die Form setzen, mit Alufolie zudecken und im Ofen auf der mittleren Schiene 30 bis 40 Minuten garen.

5 Inzwischen den Wirsing putzen, in die einzelnen Blätter teilen und die Blattrippen herausschneiden. Die Wirsingblätter in kochendem Salzwasser einige Minuten bissfest blanchieren. In ein Sieb abgießen, kalt abschrecken, abtropfen lassen und gut ausdrücken. Die Blätter in Rauten schneiden.

6 Den Wirsing mit der Sahne in einer Pfanne erhitzen. Den Sahnemeerrettich und die Butter unterrühren. Mit Chilisalz und Muskatnuss abschmecken. Den Meerrettichwirsing auf tiefe Teller verteilen und je 1 Bratapfel daraufsetzen.

Mini-Quiches
mit Lachs und Gruyère

ZUBEREITUNG // 🕐 30 min // ▦ 30 min // ❄ 30 min

1 Für den Teig das Mehl und 1 Prise Salz mischen und in die Mitte eine Mulde drücken. Das Ei in die Mulde geben und die Butter in kleinen Stücken am Rand verteilen. Alle Zutaten mit den Händen rasch zu einem Mürbeteig verkneten, flach drücken und in Frischhaltefolie gewickelt 30 Minuten kühl stellen.

2 Für den Belag das Lachsfilet waschen, trocken tupfen und in kleine Würfel schneiden. Zwiebel schälen und in feine Würfel schneiden. Beides in einer Schüssel mit der Petersilie mischen. Den Käse fein reiben. In einer zweiten Schüssel die

Eier verquirlen, den Käse und die Sahne unterrühren und mit Salz und Pfeffer würzen.

3 Den Backofen auf 200 °C vorheizen. Sechs Tartelette-Formen einfetten. Den Teig ausrollen und 6 Kreise ausschneiden. Die Formen bis zum Rand mit Teig auskleiden. Die Böden mehrmals einstechen und im Ofen auf der mittleren Schiene 8 Minuten vorbacken.

4 Die Lachsmischung auf den Teigböden verteilen, die Eiersahne darübergießen und die Mini-Quiches 20 Minuten fertig backen.

ZUTATEN FÜR 6 PERSONEN

Für den Teig
250 g Mehl
Salz · 1 Ei
125 g kalte Butter
Für den Belag
150 g Lachsfilet
1 kleine Zwiebel
2 EL gehackte Petersilie
50 g Gruyère (am Stück)
2 Eier
300 g Sahne
Salz · Pfeffer aus der Mühle
Außerdem
Butter für die Formen
Mehl für die Arbeitsfläche

ZUTATEN FÜR 2 PERSONEN

Für den Teig

60 g Ricotta · 50 ml Milch

50 ml Olivenöl · Salz

175 g Mehl

½ TL Backpulver

Für den Belag

1 Kartoffel (gegart und gepellt)

1 Knoblauchzehe

3 Thymianzweige

100 ml Milch

70 g Räucherspeckwürfel

Olivenöl

½ TL geschroteter

schwarzer Pfeffer

2 Orangen

Ricottapizza
mit Orangen und Speck

ZUBEREITUNG // 🕐 20 Minuten // ⧗ 10 min // ▭ 10 min

1 Für den Teig Ricotta, Milch, Olivenöl, 1 Prise Salz, Mehl und Backpulver zu einem Teig verkneten. Den Teig in Frischhaltefolie gewickelt 10 Minuten ruhen lassen.

2 Für den Belag die Kartoffel durch eine Kartoffelpresse drücken. Knoblauch schälen, Thymian waschen und trocken schütteln. Beides mit der Milch aufkochen, durch ein Sieb zu der heißen Kartoffel gießen und cremig verrühren.

3 Den Speck im Olivenöl anbraten, in ein Sieb abgießen, das Öl auffangen und unter die Kartoffelcreme rühren.

4 Den Backofen auf 200 °C vorheizen und zwei Bleche mit Backpapier belegen. Den Teig halbieren und jeweils rund ausrollen.

5 Den Teig mit der Kartoffelcreme bestreichen, den Rand dabei frei lassen, und mit Pfeffer bestreuen. Im Ofen auf der unteren Schiene 10 Minuten backen. Die Orangen schälen und die Filets herausschneiden. Die Pizzen herausnehmen, sofort mit Orangen belegen und mit den Speckwürfeln bestreuen.

Schwarzwurzel-Tarte-Tatin
mit Speck

ZUTATEN
FÜR 1 TARTEFORM (Ø 30 CM)

Für den Teig
ca. 200 g Mehl
½ TL Salz
75 g kalte Butter · 1 Ei
Butter für die Form
Für den Belag
Saft von ½ Zitrone
600 g Schwarzwurzeln
150 Räucherspeck
2 Zwiebeln
3 EL Butter · 1 EL Öl
1 EL gehackter Thymian
1 EL Zucker
Salz · Pfeffer aus der Mühle
Chiliflocken

ZUBEREITUNG // ● 25 min // ▦ 45 min // ❄ 30 min

1 Für den Teig das Mehl auf die Arbeitsfläche häufen, mit dem Salz mischen und in die Mitte eine Mulde drücken. Die Butter in kleine Würfel schneiden und am Rand verteilen. Das Ei in die Mulde geben und alle Zutaten mit dem Messer durchhacken, bis kleine Teigkrümel entstehen. Mit den Händen rasch zu einem glatten Mürbeteig verkneten, falls nötig, noch etwas kaltes Wasser dazugeben. Zu einer Kugel formen, in Frischhaltefolie wickeln und 30 Minuten kühl stellen.

2 Den Backofen auf 160 °C Umluft vorheizen. Die Tarteform mit Butter einfetten. Für den Belag in einer großen Schüssel reichlich Wasser mit dem Zitronensaft mischen. Die Schwarzwurzeln unter fließendem Wasser gründlich abbürsten, schälen und sofort in das Zitronenwasser legen. Die Schwarzwurzeln herausnehmen und schräg in etwa 2 cm breite Scheiben schneiden.

3 Den Speck in kleine Würfel schneiden. Die Zwiebeln schälen, halbieren und in halbe Ringe schneiden. In einer Pfanne 1 EL Butter mit dem Öl erhitzen und Speck und Zwiebeln darin 2 bis 3 Minuten anbraten. Die Schwarzwurzeln gut abtropfen lassen, mit in die Pfanne geben und kurz mitbraten. Den Thymian und den Zucker hinzufügen und mit Salz, Pfeffer und Chili pikant abschmecken.

4 Die Schwarzwurzeln in der Tarteform verteilen und leicht abkühlen lassen. Die übrige Butter in Flöckchen darüberstreuen. Den Teig etwas größer als die Form ausrollen, auf die Schwarzwurzeln legen und den überstehenden Rand innen entlang der Form nach unten drücken. Die Tarte im Ofen auf der mittleren Schiene etwa 40 Minuten backen.

5 Die Tarte herausnehmen, etwas abkühlen lassen und nach Belieben in der Form servieren.

Wirsingquiche
mit Speck und Ei

ZUBEREITUNG // 🕐 30 min // ▦ 50 min // ⧗ 45 min

1 Für den Hefeteig die Hefe zerbröckeln und in 125 ml lauwarmem Wasser auflösen. Mehl und Salz in einer Schüssel mischen, Hefewasser und Olivenöl hineingießen und alles zu einem glatten Hefeteig verkneten. Zugedeckt an einem warmen Ort 45 Minuten gehen lassen.

2 Für den Belag den Wirsing putzen, in einzelne Blätter teilen und die Blattrippen entfernen. Die Blätter in kochendem Salzwasser blanchieren, abropfen lassen, kalt abschrecken und in Streifen schneiden. Die Apfelviertel in Spalten schneiden.

3 Den Backofen auf 180 °C vorheizen. Die Springform einfetten. Die Form mit dem Teig auskleiden. Eier, Milch und Sahne in einer Schüssel verquirlen, mit Salz, Pfeffer, Kümmel und Muskatnuss würzen. Wirsing und die Speckwürfel untermischen. Die Mischung auf dem Teig verteilen, mit den Apfelspalten belegen und die Quiche im Ofen auf der mittleren Schiene 30 Minuten backen.

4 Nach 30 Minuten die Quiche mit den Speckscheiben belegen und 15 bis 20 Minuten fertig backen.

ZUTATEN FÜR 1 SPRINGFORM (28 CM Ø)

Für den Teig
½ Würfel Hefe (21 g) · 300 g Mehl
1 TL Salz · 2 EL Olivenöl

Für den Belag
650 g Wirsing · Salz
1 Apfel (gewaschen und geviertelt)
3 Eier · 100 ml Milch
150 g Sahne
Pfeffer aus der Mühle
½ TL ganzer Kümmel
frisch geriebene Muskatnuss
50 g Räucherspeckwürfel
50 g durchwachsener Räucherspeck
(in dünnen Scheiben)

Außerdem
Butter für die Form

ZUTATEN FÜR 4 PERSONEN

4 Scheiben Blätterteig
(à 75 g; tiefgekühlt)
2 rote Zwiebeln
2 EL Olivenöl
5 EL trockener Rotwein
Mehl für die Arbeitsfläche
120 g Chorizo
(span. Paprikawurst)
80 g Feta (Schafskäse)
Salz · Pfeffer aus der Mühle
einige Petersilienblätter

Blätterteigtartes
mit Chorizo und Zwiebeln

ZUBEREITUNG // 🕐 20 min // ▦ 15 min

1 Die Blätterteigscheiben nebeneinanderlegen und auftauen lassen. Die Zwiebeln schälen, halbieren und in Scheiben schneiden. Das Olivenöl in einer Pfanne erhitzen und die Zwiebeln darin bei schwacher Hitze etwa 5 Minuten dünsten. Mit dem Wein ablöschen und köcheln lassen, bis der Wein verdampft ist.

2 Den Backofen auf 200 °C vorheizen. Die Blätterteigscheiben auf der bemehlten Arbeitsfläche jeweils etwas ausrollen und auf ein mit Backpapier belegtes Backblech legen.

3 Die Chorizo in Scheiben schneiden. Den Käse zerbröckeln. Den Blätterteig mit den Zwiebeln und der Chorizo belegen, dabei rundum einen Rand frei lassen. Den Feta darüberstreuen.

4 Die Tartes mit Salz und Pfeffer kräftig würzen und im Ofen auf der mittleren Schiene 10 bis 15 Minuten goldbraun backen. Mit Petersilie garniert servieren.

Schweinerillette
mit Apfel und Thymian

ZUBEREITUNG // ⏱ 40 min // ▦ 3 h

1 Den Backofen auf 130 °C Umluft vorheizen. Den Thymian waschen und trocken schütteln, die Blättchen abzupfen und klein hacken. Die Zwiebeln schälen, den Apfel schälen, vierteln und entkernen. Alles in kleine Würfel schneiden. Das Fleisch waschen, trocken tupfen und in kleine Würfel schneiden.

2 In einem Schmortopf 2 EL Schmalz erhitzen und darin das Fleisch rundum anbraten. Die Zwiebel- und Apfelwürfel hinzufügen und kurz mitbraten. Thymian, Calvados und das restliche Schmalz unterrühren und mit Salz und Pfeffer würzen. Zugedeckt im Ofen auf der mittleren Schiene 2½ bis 3 Stunden schmoren lassen.

3 Das Rillette in vier heiß ausgespülte Twist-off-Gläser füllen und abkühlen lassen. Kühl aufbewahrt, hält sich das Rillette 6 bis 7 Wochen.

ZUTATEN FÜR 4 GLÄSER; Á 250 ML

2 Zweige Thymian
2 Zwiebeln
1 säuerlicher Apfel (z. B. Boskop)
800 g Schweinebauch
(ohne Schwarte)
300 g Schweineschmalz
2 cl Calvados
Salz · Pfeffer aus der Mühle

ZUTATEN FÜR CA. 750 ML

4 Zwiebeln
2 Möhren
150 g Knollensellerie
1 ½ kg Gänsekeulen
1 TL Piment
1 TL Pfefferkörner
2 Lorbeerblätter
Salz
150 g Datteln (ohne Stein)
Pfeffer aus der Mühle
Zimtpulver

Gänserillette

mit Datteln

ZUBEREITUNG // 🕐 35 min // 🍳 3 h // ❄ 24 h

1 2 Zwieben schälen, Möhren und Sellerie putzen und schälen, alles in grobe Würfel schneiden. Gänsekeulen abbrausen, trocken tupfen und mit dem Gemüse, Piment, Pfeffer, Lorbeer, 2 EL Salz und 2 l Wasser zugedeckt in einem Schmortopf aufkochen lassen. Das Fleisch bei schwacher Hitze 3 Stunden weich köcheln lassen. Ohne Deckel abkühlen lassen und über Nacht kühl stellen.

2 Am nächsten Tag das fest gewordene Gänseschmalz abschöpfen, nach Bedarf nochmals durch ein feines Sieb streichen und in einem kleinen Topf auffangen.

3 Das Gänsefleisch ablösen und kleinschneiden. Die übrigen Zwiebeln schälen und in kleine Würfel schneiden, die Datteln fein hacken. Beides in 2 EL Gänseschmalz andünsten. Das Fleisch hinzufügen, mit Salz, Pfeffer und 1 Prise Zimt würzen und die Masse in einer Terrine verteilen.

4 Übriges Gänseschmalz erhitzen und über das Rillette gießen. Über Nacht kühl stellen.

SUPPEN & EINTÖPFE

Kastaniencremesuppe
mit Weißwein

1 Zwiebel

1 mehligkochende Kartoffel

350 g Esskastanien (Maronen; vorgegart und geschält)

3 EL Butter

1 TL Zucker

300 ml Weißwein (z.B. Riesling)

¾ l Hühner- oder Gemüsebrühe

2 Stiele Liebstöckel

1 Zweig Thymian

200 g Sahne

Salz · Pfeffer aus der Mühle

1 Birne

ZUBEREITUNG // 🕐 25 min // 🍳 35 min

1 Die Zwiebel schälen und in feine Würfel schneiden. Die Kartoffel schälen, waschen und in kleine Würfel schneiden. 4 bis 5 Esskastanien für die Einlage beiseitelegen, die restlichen Kastanien klein schneiden.

2 In einem Topf 2 EL Butter erhitzen, die Zwiebel darin andünsten. Die Kartoffelwürfel und die zerkleinerten Kastanienstücke hinzufügen und bei schwacher bis mittlerer Hitze etwa 5 Minuten mitdünsten. Mit dem Zucker bestreuen und leicht karamellisieren. Mit dem Wein ablöschen und die Brühe angießen. Alles aufkochen und bei schwacher bis mittlerer Hitze etwa 30 Minuten weich garen.

3 Den Liebstöckel und Thymian waschen, trocken schütteln und die Blätter abzupfen. Die Liebstöckelblätter in Streifen schneiden. Die Hälfte der Kräuterblätter in die Suppe geben. Die Kastaniensuppe mit dem Stabmixer fein pürieren, dabei etwa 100 g Sahne untermixen. Mit Salz, Pfeffer und nach Belieben etwas Zitronensaft abschmecken.

4 Die Birne waschen, vierteln, entkernen und in Würfel schneiden. Die restlichen Kastanien in Scheiben schneiden. Die übrige Butter in einer Pfanne erhitzen. Die Kastanienscheiben darin 2 bis 3 Minuten leicht braun braten, die Birnenwürfel hinzufügen und kurz mitbraten. Mit etwas Salz würzen.

5 Die restliche Sahne halbsteif schlagen und kurz vor dem Servieren unter die Suppe heben. Die Kastaniensuppe auf tiefe Teller verteilen. Als Einlage die Kastanien-Birnen-Mischung hineingeben. Mit den restlichen Kräutern bestreuen.

Flädlesuppe
mit Schnittlauch

ZUBEREITUNG // 🕐 20 min

1 Das Mehl in eine Schüssel sieben. Die Eier, die Milch und 1 Prise Salz hinzufügen und mit den Quirlen des Handrührgeräts gut verrühren. Zum Schluss die flüssige Butter unterrühren.

2 Jeweils etwas Butter in einer Pfanne erhitzen. Mit dem Schöpflöffel etwas Teig in die Pfanne geben, dabei die Pfanne vom Herd nehmen und leicht schwenken, damit sich der Teig gleichmäßig verteilt. Den Pfannkuchen bei schwacher bis mittlerer Hitze goldbraun backen, wenden und auf der anderen Seite ebenfalls goldbraun backen. Pfannkuchen aus der Pfanne nehmen und noch heiß aufrollen. Auf diese Weise aus dem restlichen Teig weitere Pfannkuchen backen.

3 Die Pfannkuchenrollen abkühlen lassen und quer in feine Streifen schneiden. Die Brühe erhitzen, mit Salz, Pfeffer, 1 bis 2 Prisen Muskatnuss und Wein abschmecken.

4 Die Flädle auf tiefe Teller verteilen, jeweils etwas heiße Brühe darübergeben. Die Flädlesuppe mit Schnittlauch bestreut servieren.

ZUTATEN FÜR 4–6 PERSONEN

200 g Mehl
3 Eier
ca. ¼ l Milch
Salz
1 EL zerlassene Butter
Butter (oder Butterschmalz)
zum Ausbacken
1 l kräftige Fleischbrühe
Pfeffer aus der Mühle
frisch geriebene Muskatnuss
1 Schuss Weißwein
2 EL Schnittlauchröllchen
(oder gehackte Petersilie)

ZUTATEN FÜR 4 PERSONEN

Für den Eierstich
3 Eier · 5 EL Milch
Salz · Butter für die Form
Für die Markklößchen
50 g Rindermark · 1 großes Ei
60–70 g Weißbrotbrösel
1 Msp. abgeriebene Bio-Zitronenschale
Salz
frisch geriebene Muskatnuss
Außerdem
100 g Muschelnudeln · Salz
150 g kleine Blumenkohlröschen
1 l Rinderbrühe

Rinderbrühe
mit viererlei Einlagen

ZUBEREITUNG // ⏱ 20 min // ▦ 25 min // ⧗ 30 min

1 Für den Eierstich Eier mit Milch und etwas Salz verquirlen. In eine gefettete kleine Form geben, mit Frischhaltefolie zudecken. Im fast kochenden Wasserbad etwa 25 Minuten stichfest garen. Herausnehmen, auf ein Brett stürzen und den Eierstich in Würfel schneiden.

2 Für die Markklößchen das Mark bei schwacher Hitze zerlassen, durch ein Sieb gießen und mit dem Schneebesen schaumig rühren. Ei und Brösel dazugeben und mit Zitronenschale, Salz und Muskatnuss würzen. 30 Minuten ruhen lassen. Aus der Masse kleine

Bällchen formen und in leicht siedendem Salzwasser etwa 15 Minuten gar ziehen lassen. Herausnehmen und abtropfen lassen.

3 Nudeln nach Packungsanweisung in kochendem Salzwasser bissfest garen, abgießen, kalt abschrecken und abtropfen lassen. Blumenkohl in kochendem Salzwasser 4 bis 5 Minuten bissfest garen, kalt abschrecken und abtropfen lassen. Die Brühe erhitzen, Eierstich, Markklößchen, Nudeln und Blumenkohl hinzufügen. Nach Belieben klein geschnittenes gekochtes Rindfleisch dazugeben.

Zwiebelsuppe
mit überbackenem Roggenbrot

ZUTATEN FÜR 4 PERSONEN

Für die Zwiebelsuppe

1 l Fleischbrühe · 4 Zwiebeln

1 kleine Stange Lauch

2 EL Butter

1 TL Tomatenmark

100 ml Bier

½ TL getrockneter Majoran

½ TL gemahlener Kümmel

Salz · Pfeffer aus der Mühle

Zucker

Für das Roggenbrot

1 große Scheibe Roggenbrot

100 g geriebener Emmentaler

1 Eigelb · 1 TL Senf

Pfeffer aus der Mühle

ZUBEREITUNG // 🕐 25 min

1 Für die Zwiebelsuppe die Brühe in einem Topf erhitzen. Die Zwiebeln schälen und nach Belieben in dünne Ringe oder feine Spalten schneiden. Den Lauch putzen, waschen und in dünne Ringe schneiden.

2 Die Butter in einem Topf erhitzen, die Zwiebeln darin andünsten. Die Lauchringe hinzufügen und kurz mitdünsten. Das Tomatenmark hinzufügen und unter Rühren kurz anrösten. Die heiße Brühe und das Bier dazugießen, kurz köcheln lassen, mit dem Majoran, dem Kümmel, Salz, Pfeffer und 1 Prise Zucker würzen. Die Zwiebelsuppe warm halten.

3 Für das überbackene Roggenbrot den Backofengrill einschalten. Das Roggenbrot toasten und vierteln. Käse, Eigelb und Senf verrühren. Die Brotstücke mit der Masse bestreichen, mit Pfeffer würzen und im Ofen auf der mittleren Schiene goldbraun überbacken.

4 Die Zwiebelsuppe auf tiefe Teller verteilen und die überbackenen Roggenbrotviertel darauf anrichten.

Schwarzbrotsuppe
mit Mettwurst

ZUTATEN FÜR 4 PERSONEN

2 kleine Zwiebeln
1 Knoblauchzehe
1 EL Butter
5–6 Scheiben Schwarzbrot
(oder Vollkornbrot)
200 g Sahne
150 ml Milch
450 ml Gemüsebrühe
Salz · Pfeffer aus der Mühle
frisch geriebene Muskatnuss
150 g Mettwurst
1 EL Öl
1 Bund Schnittlauch

ZUBEREITUNG // ⏲ 25 min

1 Die Zwiebeln und den Knoblauch schälen und in feine Würfel schneiden. Die Butter in einem Topf erhitzen, die Zwiebeln und den Knoblauch darin andünsten.

2 Das Schwarzbrot zerkrümeln, in den Topf geben und kurz anrösten. Die Sahne, die Milch und die Brühe angießen und aufkochen. Die Suppe mit dem Stabmixer fein pürieren. Mit Salz, Pfeffer und 1 bis 2 Prisen Muskatnuss würzen und warm halten.

3 Die Mettwurst in Scheiben schneiden. Das Öl in einer Pfanne erhitzen und die Wurstscheiben darin kurz auf beiden Seiten braten.

4 Den Schnittlauch waschen, trocken schütteln und in Röllchen schneiden. Die Suppe auf tiefe Teller verteilen, die gebratenen Mettwurstscheiben darauf verteilen und mit dem Schnittlauch bestreuen.

Graupensuppe
mit Rauchfleisch

ZUBEREITUNG // ⏱ 20 min // ▦ 1 h

1 Die Schwarte vom Speck abschneiden und den Speck in sehr kleine Würfel schneiden, die Schwarte beiseitelegen. Die Zwiebel schälen, die Möhre und die Petersilienwurzel putzen und schälen, den Lauch putzen und waschen. Alles in kleine Würfel schneiden.

2 Das Öl in einem großen Topf erhitzen und die Speckwürfel darin anbraten. Das Gemüse und die Graupen dazugeben und unter Rühren andünsten. Alles mit Mehl bestäuben und unter Rühren die beiden Brühen angießen. Aufkochen, die Lorbeerblätter und die Speck-

schwarte hinzufügen. Die Suppe zugedeckt bei schwacher Hitze etwa 1 Stunde köcheln lassen, zwischendurch ab und zu umrühren. Falls nötig, etwas Brühe nachgießen.

3 Das Rauchfleisch in Streifen oder Stücke schneiden. Die Suppe mit Sahne, Salz und Pfeffer abschmecken, Lorbeerblätter und Speckschwarte wieder entfernen. Die Graupensuppe mit dem Rauchfleisch in tiefen Tellern oder in Schälchen anrichten und mit Schnittlauch garnieren.

ZUTATEN FÜR 4 PERSONEN

100 g durchwachsener Räucherspeck (am Stück; mit Schwarte)

1 Zwiebel · 1 Möhre

1 große Petersilienwurzel

1 dünne Stange Lauch

2 EL Öl · 100 g Perlgraupen

2 TL Mehl · ½ l Rinderbrühe

½ l Gemüsebrühe

3 Lorbeerblätter

50 g Rauchfleisch (in hauchdünnen Scheiben)

100 g Sahne

Salz · Pfeffer aus der Mühle

2 EL Schnittlauchröllchen

ZUTATEN FÜR 4 PERSONEN

400 g Steckrüben

2 Möhren

2 EL Öl

1 kleine Zwiebel

1 Knoblauchzehe

Salz

Pfeffer aus der Mühle

1 l Hühnerbrühe

1 Stange Lauch

400 g Hähnchenbrustfilets

1 EL gehackte Petersilie

Hühnersuppe
mit Steckrüben

ZUBEREITUNG // 🕐 15 min // 🍳 20 min

1 Das Gemüse schälen. Die Steckrüben und die Möhren in mundgerechte Scheiben schneiden. Zwiebel und Knoblauch in feine Würfel schneiden. Das Öl in einem Topf erhitzen und die Zwiebel- und Knoblauchwürfel darin an- dünsten. Die Steckrüben- und Möhrenschei- ben hinzufügen und kurz mitdünsten. Mit Salz und Pfeffer würzen und die Brühe angie- ßen. Die Suppe bei mittlerer Hitze etwa 10 Minuten köcheln lassen.

2 Inzwischen den Lauch putzen, waschen und schräg in Ringe schneiden. Die Hähnchen- brustfilets waschen, trocken tupfen und in mundgerechte Stücke schneiden. Mit dem Lauch in die Suppe geben und etwa 10 Minu- ten garen, dabei nicht mehr kochen lassen.

3 Die Petersilie hinzufügen und die Hühner- suppe mit Salz und Pfeffer abschmecken. Mit Petersilie garniert servieren.

Mein Lieblingsrezept für...
Wintersuppe

SELLERIE-BIRNEN-SUPPE MIT CROSTINI

🕐 20 min // 🍳 25 min // FÜR 2 PERSONEN

1 Für die Suppe 300 g Knollensellerie putzen und schälen, 150 g Birne waschen und schälen. Beides klein schneiden. 1 Zwiebel schälen, in feine Würfel schneiden und in 1 EL Butter andünsten, Sellerie- und Birnenwürfel dazugeben und kurz mitdünsten. Mit 400 ml Gemüsefond aufgießen und etwa 20 Minuten weich kochen.

2 Für die Crostini 40 g Blauschimmelkäse mit der Gabel zerdrücken und mit 75 g Frischkäse verrühren. Von 2 Stielen Thymian die Blättchen abzupfen, zur Käsecreme geben und mit Pfeffer würzen. ½ Stange frisches Weißbrot in 8 Scheiben schneiden und gleichmäßig mit der Käsemischung bestreichen. Den Backofengrill einschalten und die Crostini unter dem Grill kurz gratinieren.

3 Zur Sellerie-Birnen-Suppe 100 g Sahne hinzufügen und im Standmixer oder mit dem Stabmixer fein pürieren.

4 Die Suppe anschließend durch ein feines Sieb zurück in den Topf streichen und warm werden lassen. Mit frisch geriebener Muskatnuss, Salz und Pfeffer abschmecken.

5 In einer Pfanne 5 Scheiben durchwachsenen Räucherspeck knusprig braten und zur Suppe servieren.

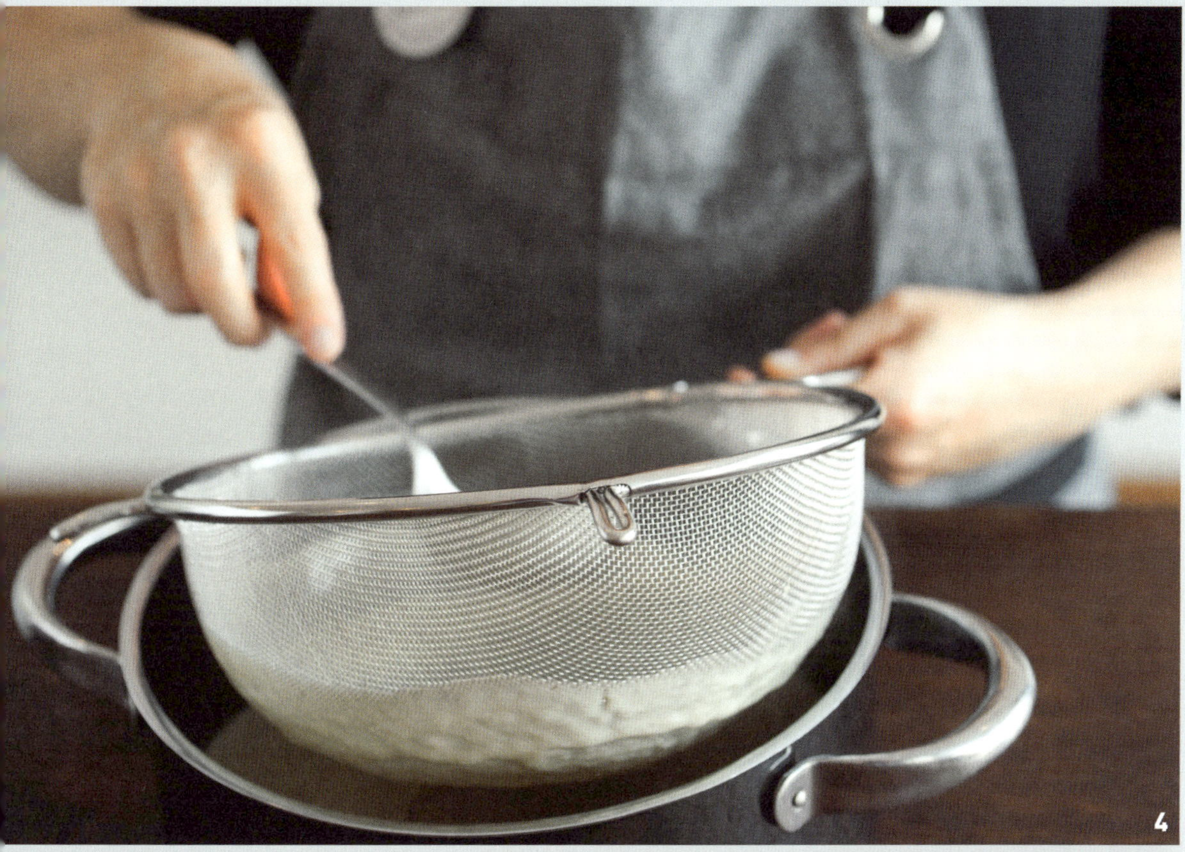

4

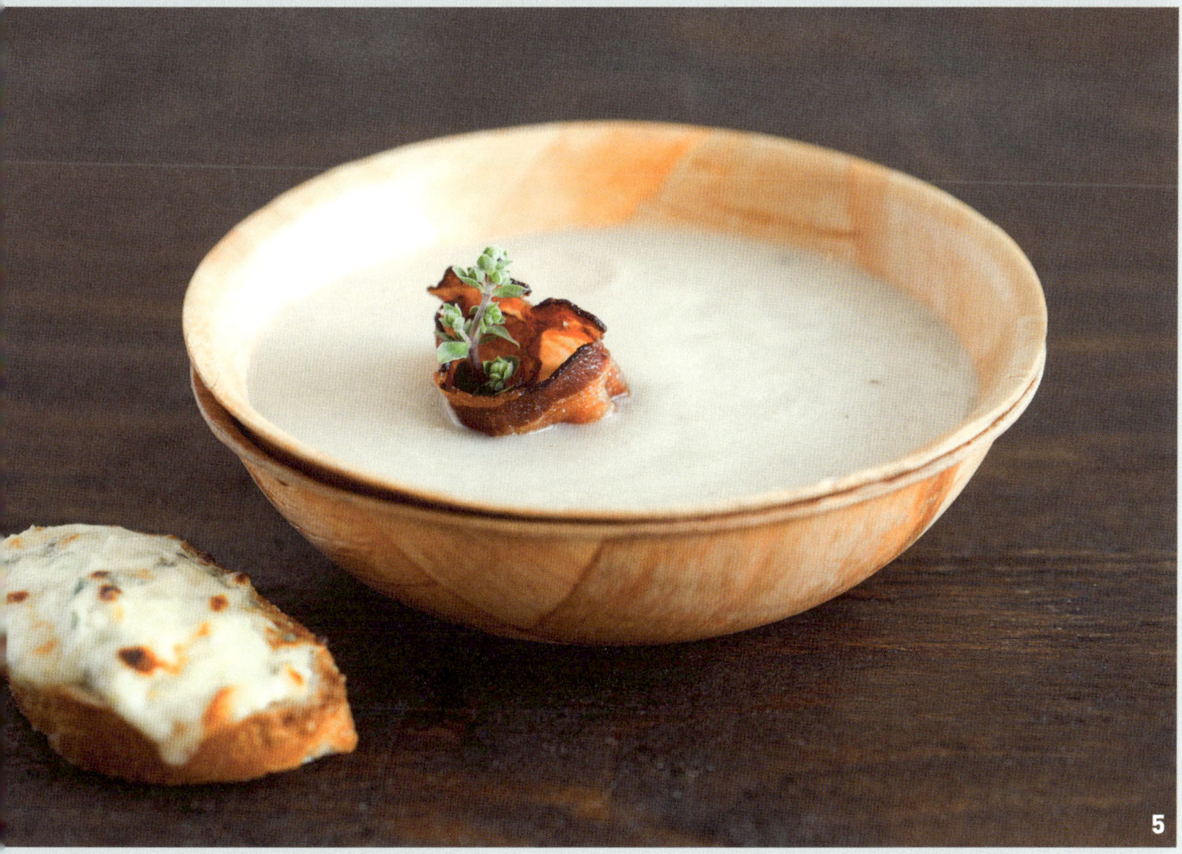

5

Linseneintopf
mit Wiener Würstchen

ZUBEREITUNG // ⏱ 20 min // 💧 12 h // ▤ 45 min

1 Die Linsen über Nacht in einer Schüssel mit reichlich Wasser einweichen. Am nächsten Tag in ein Sieb abgießen und abtropfen lassen.

2 Den Sellerie und die Möhren putzen und schälen. Die Kartoffeln schälen und waschen, die Zwiebel schälen. Alles in kleine Würfel schneiden. Etwa 700 ml Wasser in einem Topf aufkochen. Die Gemüsewürfel und die Linsen sowie die Lorbeerblätter dazugeben und zugedeckt bei schwacher Hitze 30 Minuten garen. Dabei gelegentlich umrühren.

3 Die Butter in einem kleinen Topf zerlassen, das Mehl dazugeben und unter Rühren anschwitzen. Etwas Kochwasser von den Linsen abnehmen und in die Mehlschwitze rühren. Diese dann unter die Linsensuppe rühren und den Eintopf offen etwa weitere 10 Minuten köcheln lassen, sodass er leicht andickt.

4 Den Linseneintopf mit Salz, Pfeffer und Essig abschmecken. Die Würstchen in Scheiben schneiden und mit der Petersilie etwa 5 Minuten im Eintopf heiß werden lassen.

ZUTATEN FÜR 4 PERSONEN

250 g braune Linsen
(Tellerlinsen)
200 g Knollensellerie
2 Möhren
3 festkochende Kartoffeln
1 Zwiebel
2 Lorbeerblätter
2 EL Butter
2 EL Mehl
Salz · Pfeffer aus der Mühle
2–3 EL Weinessig
4 Wiener Würstchen
2 EL gehackte Petersilie

400 g mehligkochende
Kartoffeln
1 Schalotte
2 Knoblauchzehen
50 g durchwachsener
Räucherspeck (am Stück)
3 EL Öl
ca. 600 ml Fleischbrühe
4 Stiele Majoran
1 Lorbeerblatt
150 g Austernpilze
150 g Pfifferlinge
100 g Sahne
Salz · Pfeffer aus der Mühle
frisch geriebene Muskatnuss
2 EL saure Sahne

Kartoffelsuppe
mit gemischten Pilzen

ZUBEREITUNG // ⏱ 20 min // ▦ 25 min

1 Die Kartoffeln schälen, waschen und in Würfel schneiden. Die Schalotte und den Knoblauch schälen und mit dem Speck in feine Würfel schneiden.

2 Schalotte, Knoblauch und Speck in einem Topf in 2 EL Öl anbraten. Mit ½ l Brühe aufgießen. Die Kartoffeln, 3 Majoranstiele und das Lorbeerblatt dazugeben und bei mittlerer Hitze etwa 25 Minuten köcheln lassen.

3 Inzwischen die Pilze putzen, trocken abreiben und, falls nötig, kleiner schneiden. Im restlichen Öl in einer Pfanne goldbraun braten.

Dann die übrige Brühe angießen, sodass sich der Bratensatz löst. Die Pfanne vom Herd nehmen.

4 Den Majoran entfernen und die Suppe mit dem Stabmixer fein pürieren. Die Sahne dazugeben, die Suppe aufkochen und die Pilze mit etwas Brühe hinzufügen.

5 Die Kartoffelsuppe mit Salz, Pfeffer und Muskatnuss würzen. Den restlichen, gehackten Majoran zur Suppe geben. Die Suppe in tiefen Tellern oder Schälchen anrichten und mit je 1 Klecks saurer Sahne garniert servieren.

Eintopf mit Wurzelgemüse
und Rindfleisch

ZUTATEN FÜR 4 PERSONEN

100 g festkochende Kartoffeln
(z. B. violette Kartoffeln)

100 g Möhren (z. B. Lila Luder;
siehe Info)

100 g Knollensellerie

100 g Pastinaken

100 g Petersilienwurzeln

600 g Rindfleisch (aus der
Schulter, z. B. Mittelbug)

3–4 Zweige Thymian

4 EL Olivenöl

Meersalz

Pfeffer aus der Mühle

2 TL Zucker

100 ml Weißwein

800 ml Rinderfond oder
Fleischbrühe

1 Bund Frühlingszwiebeln

½ Bund Petersilie

1 Bio-Zitrone

ZUBEREITUNG // 🕐 30 min // 🍳 1 h

1 Die Kartoffeln schälen und waschen. Möhren, Knollensellerie, Pastinaken und Petersilienwurzeln putzen und schälen. Die Kartoffeln und das Wurzelgemüse in Würfel schneiden. Das Fleisch trocken tupfen und in grobe Würfel schneiden. Den Thymian waschen und trocken schütteln.

2 In einem Schmortopf 2 EL Olivenöl erhitzen. Das Fleisch leicht mit Salz würzen und im Öl rundum kräftig anbraten. Mit Pfeffer würzen und herausnehmen.

3 Das restliche Olivenöl in dem Topf erhitzen und das Gemüse darin einige Minuten anbraten. Mit dem Zucker bestreuen und unter Rühren kurz karamellisieren. Mit Salz und Pfeffer würzen. Den Wein angießen und einkochen lassen.

4 Das Fleisch zum Gemüse geben und den Fond dazugießen. Den Eintopf zugedeckt bei schwacher Hitze etwa 1 Stunde garen.

5 Die Frühlingszwiebeln putzen, waschen und schräg in Stücke schneiden. Zum Eintopf geben und 2 bis 3 Minuten mitgaren. Den Wurzelgemüse-Eintopf mit Salz und Pfeffer abschmecken.

6 Die Petersilie waschen und trocken schütteln, die Blätter abzupfen und fein hacken. Die Zitrone heiß waschen und trocken reiben. Die Schale fein abreiben und mit der Petersilie mischen. Die Mischung kurz vor dem Servieren über den Eintopf streuen.

INFO *Ein Hingucker auf Märkten und in gut sortierten Gemüseläden sind die „Lila Luder", eine Möhrensorte, die außen dunkellila, innen aber wie gewohnt orange ist. Die lila Außenschicht der Möhre enthält Anthocyane – bioaktive Pflanzenstoffe –, die den Organismus vor freien Radikalen schützen.*

Hamburger Aalsuppe
mit Backpflaumen

ZUTATEN FÜR 4 PERSONEN

1 Schinkenknochen
(geräuchert; ca. 1 kg)
2 Stiele Bohnenkraut
1 Stange Lauch
2 Möhren
200 g Knollensellerie
200 g Backpflaumen
(ohne Stein; über Nacht
eingeweicht)
400 g frischer Aal
(küchenfertig; ohne Haut)
⅛ l trockener Weißwein
1 Lorbeerblatt
Salz · Zucker · Essig
2 EL gehackte Petersilie
(oder Dill)

ZUBEREITUNG // 🕐 25 min // ▦ 2 h 10 min

1 Den Schinkenknochen in einem großen Topf mit 1¼ l heißem Wasser bedecken, aufkochen und zugedeckt bei schwacher Hitze etwa 1 ½ Stunden köcheln.

2 Das Bohnenkraut waschen und trocken schütteln. Den Lauch putzen, waschen und in Ringe schneiden. Die Möhren und den Sellerie putzen, schälen und in Würfel schneiden. Alles zum Schinkensud geben und weitere 15 Minuten garen.

3 Den Knochen aus der Brühe nehmen. Das Fleisch vom Knochen lösen, klein schneiden und mit den Pflaumen wieder in den Sud geben. Alles bei schwacher Hitze weitere 15 Minuten kochen.

4 Inzwischen den Aal waschen, trocken tupfen und in 3 bis 4 cm lange Stücke schneiden. Den Wein mit etwas Wasser, dem Lorbeerblatt, etwas Salz und 1 Prise Zucker in einem Topf erhitzen und den Aal darin bei schwacher Hitze etwa 10 Minuten garen.

5 Den Aal mit dem Sud zur Schinkenbrühe geben. Mit Salz, Zucker und Essig abschmecken und mit Petersilie bestreuen.

Butternusskürbissuppe
mit Äpfeln und Rosenkohl

ZUTATEN FÜR 4 PERSONEN

1 kg Butternusskürbis
150 g Rosenkohl
2 Äpfel
1 Zwiebel
1 Knoblauchzehe
1 EL Öl
1 TL geriebener Ingwer
ca. 1 l Gemüsebrühe
1–2 TL Honig
1–2 EL Zitronensaft
Salz
Chilipulver

ZUBEREITUNG // ⏰ 20 min // 🔲 25 min

1   Den Kürbis schälen und die Kerne mit einem Löffel entfernen. Das Fruchtfleisch in kleine Würfel schneiden. Den Rosenkohl putzen und die äußeren Blätter entfernen. Den Strunk jeweils abschneiden und den Rosenkohl in die einzelnen Blätter zerteilen. Die Äpfel schälen, vierteln und entkernen. Das Fruchtfleisch in kleine Würfel schneiden.

2   Die Zwiebel und den Knoblauch schälen und in feine Würfel schneiden. Das Öl in einem Topf erhitzen und Zwiebel, Knoblauch und Ingwer darin andünsten. Die Kürbis- und Apfelwürfel dazugeben und kurz mitdünsten. Mit der Brühe ablöschen und zugedeckt bei mittlerer Hitze 20 Minuten weich garen.

3   Einige Apfel- und Kürbiswürfel herausnehmen und als Suppeneinlage beiseitelegen. Die Suppe mit dem Stabmixer fein pürieren. Den Honig und den Zitronensaft unterrühren und die Suppe mit Salz und Chilipulver abschmecken.

4   Die Suppe auf tiefe Teller verteilen und mit den Apfel- und Kürbiswürfeln sowie den Rosenkohlblättern garnieren.

FLEISCH &
GEFLÜGEL

Szegediner Gulasch

mit Kümmel und Speck

ZUTATEN FÜR 4 PERSONEN

500 g Schweinefleisch
(aus der Schulter)
250 g Zwiebeln
2 Knoblauchzehen
80 g durchwachsener Räucherspeck (am Stück)
100 g Butter
3 EL Paprikapulver (edelsüß)
½ l Geflügelfond
Salz
Pfeffer aus der Mühle
1 TL Kümmelsamen
1 TL getrockneter Majoran
1 frisches Lorbeerblatt
2 Wacholderbeeren
250 g Sauerkraut
je 1 rote und gelbe
Paprikaschote
4 EL saure Sahne

ZUBEREITUNG // 🕐 25 min // 🍳 1 h 40 min

1 Das Schweinefleisch in mundgerechte Stücke schneiden. Die Zwiebeln und den Knoblauch schälen und in feine Würfel schneiden. Den Speck ebenfalls in feine Würfel schneiden.

2 Die Butter in einem Topf erhitzen, die Zwiebeln und den Speck darin goldbraun braten. Das Fleisch dazugeben und rundum anbraten. Dann den Knoblauch und das Paprikapulver hinzufügen und ebenfalls kurz mitbraten.

3 Mit dem Fond ablöschen und mit Salz und Pfeffer würzen. Die Gewürze dazugeben und aufkochen. Das Sauerkraut hinzufügen und etwa 1 ½ Stunden bei schwacher Hitze garen, bis das Fleisch weich ist.

4 Die Paprikaschoten längs halbieren, entkernen, waschen und in kleine Würfel schneiden. 30 Minuten vor Ende der Garzeit unter das Gulasch mischen und mitkochen.

5 Zum Servieren das Szegediner Gulasch in tiefen Tellern anrichten und mit jeweils 1 Klecks saurer Sahne verfeinern. Dazu passt ein rustikales Weißbrot.

TIPP   *Dieser ungarische Klassiker lässt sich sehr gut in großen Mengen vorbereiten und verlangt keine große Aufmerksamkeit, solange er köchelt. Servieren Sie ihn nach Belieben mit Pell- oder Salzkartoffeln.*

Gebackenes Kotelett

mit Sauerkrautgraupen

ZUTATEN FÜR 4 PERSONEN

120 g feine Perlgraupen
2 Bund Petersilie
½ Bund Majoran
50 g Pinienkerne
50 g geriebener Bergkäse
100 ml Olivenöl
Salz · Pfeffer aus der Mühle
4 magere Schweinekoteletts
(à 180–200 g; ca. 1½ cm dick)
2 Eier · 1 EL Sahne · 5 EL Mehl
200 g Weißbrotbrösel
300 g Sauerkraut
110 ml Öl · 1 TL Paprikapulver
1 EL Butter · 1 TL Honig
frisch geriebene Muskatnuss

ZUBEREITUNG // ⏱ 30 min // ▦ 55 min

1 Graupen kalt abbrausen und nach Packungsanweisung garen. Petersilie und Majoran waschen und trocken schütteln, die Blätter abzupfen. Pinienkerne in einer Pfanne ohne Fett rösten. Kräuterblätter mit Pinienkernen, Bergkäse und Olivenöl fein pürieren. Das Pesto mit Salz und Pfeffer würzen.

2 Koteletts waschen und trocken tupfen. Jeweils waagerecht eine Tasche hineinschneiden und diese mit etwas Pesto füllen. Die Eier mit der Sahne verquirlen. Die Koteletts erst in Mehl wenden, dann durch die Sahne-Ei-Masse ziehen und zuletzt mit Weißbrotbröseln panieren.

3 Das Sauerkraut in 1 EL Öl 4 bis 5 Minuten andünsten und beiseitestellen. Das Paprikapulver in der Butter kurz rösten. Honig, Sauerkraut und Graupen hinzufügen und 5 Minuten dünsten. Mit Salz, Pfeffer und Muskatnuss würzen.

4 Die Koteletts im restlichen Öl auf jeder Seite 3 bis 4 Minuten braten und nach Belieben mit zerlassener Butter beträufeln.

Rippchen mit Kraut
in Apfelweinsud

ZUTATEN FÜR 4 PERSONEN

1 Zwiebel

1 Apfel

800 g Sauerkraut

5 Wacholderbeeren

2 Lorbeerblätter

1 kg gepökeltes Schweine-
kotelett (am Stück; vom Metzger
an den Knochen eingesägt)

1 l Apfelwein (oder ½ l Fleischbrühe und ½ l Weißwein)

ZUBEREITUNG // 🕐 20 min // 🍳 1 h

1 Die Zwiebel schälen und in feine Würfel schneiden. Den Apfel vierteln, schälen, das Kerngehäuse entfernen und die Apfelviertel in feine Würfel schneiden oder grob reiben. Das Sauerkraut auf einem Sieb abtropfen lassen. Mit der Zwiebel, dem Apfel, den Wacholderbeeren und den Lorbeerblättern mischen.

2 Das Schweinekotelett in einen großen Topf legen und das Kraut um das Fleisch herum verteilen. Den Apfelwein dazugießen. Alles zugedeckt bei mittlerer Hitze aufkochen, anschließend bei schwacher Hitze 45 bis 60 Minuten garen.

3 Das Fleisch aus dem Topf nehmen und in Scheiben schneiden. Die Rippchen mit dem Kraut auf Tellern anrichten. Dazu schmeckt Kartoffelpüree.

Wirsingrouladen
mit Haselnüssen

ZUTATEN FÜR 4 PERSONEN

1 großer Wirsing · Salz
je 50 g Lauch, Möhre und
Knollensellerie
300 g Leberkäsbrät (oder
Kalbsbrät)
300 g gemischtes Hackfleisch
1 TL abgeriebene Schale von
1 Bio-Zitrone
Pfeffer aus der Mühle
frisch geriebene Muskatnuss
Cayennepfeffer
4 kleine Schalotten
200 g Rosenkohl
300 g Grünkohl
200 g Gelbe oder Rote Bete
200 g Steckrüben
1 EL Butterschmalz
¼ l Gemüsebrühe
2 EL gehobelte Haselnusskerne
2 EL gehackte Petersilie

ZUBEREITUNG // 🕐 25 min // 🍳 40 min

1 Vom Wirsing 8 große Blätter ablösen und in kochendem Salz-wasser kurz blanchieren, kalt abschrecken und mit Küchen-papier trocken tupfen. Die Blattrippen flach schneiden.

2 Für die Füllung den Lauch putzen, Möhre und Sellerie putzen und schälen und alles in feine Würfel schneiden. Die Gemüse-würfel in Salzwasser blanchieren und kalt abschrecken. In einer Schüssel mit dem Brät und dem Hackfleisch mischen und mit der Zitronenschale, Salz, Pfeffer, Muskat und Cayennepfeffer würzen. Die Füllung auf der unteren Hälfte der Wirsingblätter verteilen, die Blätter an beiden Seiten einschlagen und aufrollen. Mit Küchengarn oder Rouladennadeln fixieren.

3 Den restlichen Wirsing putzen, waschen, vierteln und den har-ten Strunk entfernen. Die Blätter in mundgerechte Stücke schneiden. Die Schalotten schälen und halbieren. Den Rosen-kohl putzen, die äußeren Blätter entfernen und halbieren. Den Grünkohl putzen, waschen, die Blätter von den Stielen streifen und in mundgerechte Stücke zupfen. Die Gelben oder Roten Beten waschen und in dünne Scheiben schneiden. Die Steckrübe schälen und in mundgerechte Stücke schneiden.

4 Das Butterschmalz in einer Schmorpfanne erhitzen und die Rou-laden darin rundum anbraten. Herausnehmen und das Gemüse in der noch heißen Pfanne 2 bis 3 Minuten anbraten. Die Roula-den wieder dazugeben und die Gemüsebrühe angießen. Mit Salz und Pfeffer würzen. Die Rouladen zugedeckt bei schwacher Hitze etwa 40 Minuten schmoren.

5 Die gehobelten Haselnüsse in einer Pfanne ohne Fett goldbraun rösten. Die Wirsingrouladen mit dem Gemüse auf Tellern an-richten und mit den Nüssen und der Petersilie bestreuen.

Tellerfleisch
mit Meerrettich

ZUTATEN FÜR 4 PERSONEN

Für das Tellerfleisch

1 kg Rinder- oder Ochsenbrust

Salz · Pfeffer aus der Mühle

2 EL Öl · 1 Bund Suppengemüse

(klein geschnitten)

2 Lorbeerblätter

5 schwarze Pfefferkörner

2 Wacholderbeeren

2 EL geriebener Meerrettich

Für das Gemüse

500 g festkochende Kartoffeln

2 kleine Möhren

100 g saure Sahne

1–2 EL Weißweinessig

Salz · Pfeffer aus der Mühle

Zucker · 1 EL gehackte Petersilie

ZUBEREITUNG // 🕐 30 min // ▦ 2 h 25 min

1 Das Fleisch mit Salz und Pfeffer würzen. Das Öl in einem großen Topf erhitzen, das Fleisch darin bei mittlerer Hitze rundum anbraten und mit heißem Wasser bedecken. Bei schwacher Hitze knapp unter dem Siedepunkt etwa 2 Stunden garen, dabei den aufsteigenden Schaum abschöpfen. Das Suppengemüse mit den Lorbeerblättern, den Pfefferkörnern und den angedrückten Wacholderbeeren nach 1 Stunde zum Fleisch geben.

2 Die Kartoffeln schälen und waschen, die Möhren putzen und schälen und beides in kleine Würfel schneiden. Etwa ¼ l der heißen Fleischbrühe in einem Topf aufkochen. Die Gemüsewürfel darin zugedeckt 15 bis 20 Minuten sehr weich garen. Ein Viertel davon mit dem Schaumlöffel herausheben, pürieren und die saure Sahne untermixen. Das Püree wieder unter das restliche Gemüse im Topf rühren. Mit Essig, Salz, Pfeffer und Zucker abschmecken und mit der Petersilie bestreuen.

3 Das Fleisch herausnehmen, quer zur Faser in Scheiben schneiden, mit dem Gemüse anrichten und mit Meerrettich garnieren.

Königsberger Klopse
in Kapernsauce

ZUTATEN FÜR 4 PERSONEN

Für die Klopse
200 ml Milch
4 Scheiben Toastbrot
3 Sardellenfilets (in Öl)
2 Zwiebeln
750 g Kalbshackfleisch
3 Eier · 2 EL gehackte Petersilie
Salz · Pfeffer aus der Mühle
1 l Fleischbrühe
1 Lorbeerblatt · 3 Gewürznelken
4 schwarze Pfefferkörner
Für die Sauce
60 g Butter · ca. 3 EL Mehl
120 g Sahne · 4–6 EL Kapern
3–4 EL Zitronensaft
Salz · Pfeffer aus der Mühle

ZUBEREITUNG // 🕐 35 min // ▦ 20 min

1 Für die Klopse die Milch erhitzen. Toastbrot würfeln und in der heißen Milch einweichen. Die Sardellenfilets fein hacken. Zwiebeln schälen und in feine Würfel schneiden.

2 Das Toastbrot ausdrücken und mit den Sardellen und den Zwiebelwürfeln unter das Hackfleisch mischen. Eier und Petersilie hinzufügen, alles zu einem glatten Teig verkneten und mit Salz und Pfeffer würzen. Aus der Masse 8 Klopse formen.

3 Die Brühe mit dem Lorbeerblatt, den Gewürznelken und den Pfefferkörnern aufkochen. Die Klopse darin bei schwacher Hitze 15 Minuten gar ziehen lassen. Mit dem Schaumlöffel herausnehmen und warm stellen. Die Kochbrühe durch ein Sieb gießen.

4 Für die Sauce die Butter in einem Topf erhitzen und das Mehl darin anschwitzen. Nach und nach etwa ¾ l der Kochbrühe unterrühren, etwas köcheln lassen. Die Sahne unterrühren, die Kapern hinzufügen und mit Zitronensaft, Salz und Pfeffer würzig abschmecken. Die Klopse in die Sauce geben und einige Minuten darin ziehen lassen. Mit Salzkartoffeln servieren.

Rinderrouladen
mit Klößen

ZUTATEN FÜR 4 PERSONEN

Für die Rouladen

2 Scheiben Frühstücksspeck

2 kleine Zwiebeln

4 Gewürzgurken

4 Rinderrouladen (à ca. 180 g)

Salz · Pfeffer aus der Mühle

ca. 4 TL Senf

4 EL Öl

1 Bund Suppengemüse (klein geschnitten)

¼ l Rotwein

¼ l Fleischbrühe

1 Lorbeerblatt

4 Pimentkörner

Für die Klöße

1 ½ kg mehligkochende Kartoffeln

1 EL Essig

Salz

4 EL geröstete Brotwürfel

ZUBEREITUNG // ⏱ 50 min // ▦ 1 h 35 min

1 Für die Rouladen die Speckscheiben quer halbieren. Die Zwiebeln schälen und in feine Ringe schneiden. Die Gurken längs vierteln. Die Rouladen mit Salz und Pfeffer würzen und mit dem Senf bestreichen. Mit Speck, Zwiebeln und Gurken belegen und von der schmalen Seite her fest aufrollen. Die Enden mit Holzspießchen feststecken. Die Rouladen im Öl rundum anbraten und herausnehmen. Das Suppengemüse im Bratfett anbraten. Mit Wein und Brühe ablöschen. Rouladen, Lorbeerblatt und Pimentkörner dazugeben und zugedeckt bei schwacher Hitze etwa 1 ½ Stunden garen.

2 Für die Klöße die Kartoffeln schälen und waschen. Etwa zwei Drittel davon fein reiben. Den Essig mit 5 EL warmem Wasser mischen, über die Kartoffelraspel geben und einmal umrühren. Ein Sieb mit einem Küchentuch auslegen, die Kartoffelraspel hineingeben und fest ausdrücken, dabei den Kartoffelsaft auffangen. Die übrigen Kartoffeln klein schneiden, in einem Topf knapp mit Wasser bedecken und mit ½ TL Salz zugedeckt etwa 20 Minuten weich garen.

3 Die gegarten Kartoffeln im Topf mit dem Kochwasser zu einem dünnen Brei stampfen. Den Kartoffelsaft vorsichtig abgießen, dabei die Stärke am Boden zurückbehalten und mit 1 TL Salz unter die Kartoffelraspel rühren. Den Kartoffelbrei unter Rühren aufkochen und sehr heiß mit dem Kochlöffel unter die geriebenen Kartoffeln schlagen. Aus der Masse mit angefeuchteten Händen 8 Klöße formen, dabei jeweils 4 Brotwürfel in die Mitte füllen. Die Klöße in reichlich Salzwasser bei sehr schwacher Hitze 15 bis 20 Minuten gar ziehen lassen.

4 Die Rouladen aus der Sauce nehmen und warm halten. Die Sauce durch ein Sieb passieren und mit Salz und Pfeffer abschmecken. Rouladen mit Klößen und Sauce servieren.

TIPP *Bevor Sie Klöße zum Garen in heißes Wasser geben, sollten Sie sicherheitshalber zunächst eine Probe machen. Für den Fall, dass der „Versuchskloß" nicht zusammenhält, einfach noch etwas Kartoffelmehl unter den Kloßteig mischen.*

Rinderschmorbraten
klassische Art

ZUBEREITUNG // 🕐 25 min // 🍳 3 h 10 min

1 Das Fleisch mit Salz würzen. Schalotten und Knoblauch schälen, Möhren und Knollensellerie putzen und schälen, Staudensellerie putzen und waschen. Schalotten ganz lassen, restliches Gemüse in grobe Würfel schneiden.

2 Den Rinderbraten in einem Bräter im Olivenöl rundum anbraten. Das Fleisch herausnehmen, Gemüse dazugeben und im verbliebenen Bratfett andünsten. Tomatenmark und Mehl hinzufügen und kurz anrösten. Die Gewürzkörner in einen Einwegteebeutel füllen und mit den Lorbeerblättern und den Kräu-

terzweigen dazugeben. Alles mit Wein und Essig ablöschen und einköcheln lassen.

3 Backofen auf 160° C vorheizen. Das Fleisch auf das Gemüse in den Bräter legen und den Fond angießen. Aufkochen und den Braten im Ofen auf der mittleren Schiene 1 Stunde garen. Die Temperatur auf 120° C reduzieren und weitere 2 Stunden schmoren.

4 Das Fleisch herausnehmen und warm halten. Die Sauce in einen Topf passieren, einkochen lassen und mit Salz und Pfeffer abschmecken.

ZUTATEN FÜR 4 PERSONEN

1 kg Rindfleisch (z.B. Schulter oder
Kamm; ohne Fett und Sehnen)
Salz · 10 Schalotten
4 Knoblauchzehen · 2 Möhren
100 g Knollensellerie
4 Stangen Staudensellerie
4 EL Olivenöl
1 EL Tomatenmark · 1 EL Mehl
je 10 Wacholderbeeren,
Pimentkörner, weiße und schwarze
Pfefferkörner
2 Lorbeerblätter
je 2 Zweige Rosmarin und Thymian
1 l kräftiger Rotwein
100 ml Aceto balsamico
1 l Rinderfond (aus dem Glas)
Pfeffer aus der Mühle

ZUTATEN FÜR 4 PERSONEN

Für die Marinade
1 Bund Suppengemüse
(klein geschnitten)
⅛ l Weinessig · ⅛ l Rotwein
3 Gewürznelken
8 schwarze Pfefferkörner
1 Lorbeerblatt
4 Wacholderbeeren · Zucker

Für den Sauerbraten
1 kg Rindfleisch (vom dicken Bug)
Salz · Pfeffer aus der Mühle
3 EL Butterschmalz
1–2 Sauerbraten-Printen
(ersatzweise Saucenlebkuchen)
1 EL Apfelkraut (süßer Brotaufstrich;
aus dem Reformhaus)
100 g Rosinen (oder Korinthen)

Rheinischer Sauerbraten
mit Rosinen

ZUBEREITUNG // 🕐 35 min // 🍳 1 h 40 min // 💧 3 d

1 Für die Marinade 3 Tage zuvor das Suppengemüse mit Essig, Wein, 1 l Wasser, Gewürznelken, Pfefferkörnern, Lorbeerblatt, Wacholderbeeren und 1 Prise Zucker aufkochen. Die abgekühlte Marinade über das Fleisch gießen. Das Fleisch 3 Tage im Kühlschrank ziehen lassen, dabei das Bratenstück gelegentlich wenden.

2 Zur Zubereitung das Fleisch aus der Marinade nehmen, trocken tupfen und mit Salz und Pfeffer würzen. Die Marinade durch ein Sieb in eine Schüssel gießen.

3 Das Butterschmalz in einem Bräter erhitzen und das Fleisch darin rundum anbraten. Das Gemüse aus der Marinade hinzufügen und kurz mitbraten. Mit der Hälfte der Marinade ablöschen. Die Printen zerbröseln und hinzufügen. Den Sauerbraten zugedeckt bei mittlerer Hitze etwa 1 ½ Stunden schmoren.

4 Den Braten herausnehmen und warm halten. Die Sauce passieren, Apfelkraut und Rosinen hinzufügen, kurz aufkochen lassen und mit Salz und Pfeffer abschmecken. Das Fleisch aufschneiden und mit der Sauce servieren.

Rinderfiletsteak
mit Rosmarinsauce

ZUTATEN FÜR 4 PERSONEN

1 TL Öl

8 Rinderfiletsteaks
(ca. 1 ½ cm dick)

1 TL Tomatenmark

3 EL roter Portwein

70 ml Rotwein

400 ml Rinderfond
(aus dem Glas)

1 TL Speisestärke

1 Zweig Rosmarin

1 Knoblauchzehe

2 Scheiben Ingwer

1 Streifen Bio-Zitronenschale

20 g kalte Butter

Salz · Pfeffer aus der Mühle

ZUBEREITUNG // 🕐 20 min

1 Den Backofen auf 100 °C vorheizen. Eine große Pfanne bei mittlerer Temperatur erhitzen und das Öl mit einem Pinsel auf dem Pfannenboden verteilen. Die Filetsteaks in der Pfanne 2 bis 3 Minuten anbraten, bis an der Oberseite Fleischsaftperlen austreten. Das Fleisch wenden und weiterbraten, bis sich erneut Fleischsaftperlen bilden. Die Steaks aus der Pfanne nehmen und im Ofen warm halten.

2 Für die Sauce das Tomatenmark in den Bratsatz rühren, mit Portwein und Rotwein ablöschen und einköcheln lassen. Den Fond angießen und auf zwei Drittel einköcheln lassen. Die Speisestärke mit wenig kaltem Wasser glatt rühren und nach und nach in den leicht köchelnden Fond rühren, bis dieser leicht sämig bindet.

3 Den Rosmarin waschen und trocken tupfen, den Knoblauch schälen und in Scheiben schneiden. Rosmarin, Knoblauch, Ingwer und die Zitronenschale zum Fond geben, einige Minuten ziehen lassen und wieder entfernen. Die kalte Butter unterrühren und die Sauce mit Salz und Pfeffer würzen.

4 Die Steaks in der Sauce wenden, bei Bedarf noch etwas nachwürzen und servieren. Dazu passen Gemüse der Saison und gebratene Kartoffeln.

TIPP *Dicke Steaks wölben sich beim Anbraten nicht, es tritt auch kein Fleischsaft aus – das geht nur bei dünnen Steaks und ist ein Zeichen dafür, dass das Fleisch innen bereits rosa und somit fertig gegart ist.*

Entenbrust
mit Radicchio

ZUTATEN FÜR 4 PERSONEN

2 Entenbrustfilets
(mit Haut; à ca. 300 g)
Salz · Pfeffer aus der Mühle
2 EL Öl
6 Grenadillas
(alternativ Maracujas)
1 kleiner Radicchio
4 EL Balsamico bianco
2 EL Limettensaft
1–2 TL flüssiger Honig
4 EL Öl · 2 EL Sesamöl
1 TL gehackter Thymian
1 EL schwarze Sesamsamen

ZUBEREITUNG // ⏱ 20 min // ▭ 25 min

1 Den Backofen auf 120 °C vorheizen. Die Entenbrustfilets waschen und trocken tupfen. Die Haut rautenförmig einschneiden und das Fleisch rundum mit Salz und Pfeffer würzen.

2 Die Entenbrustfilets in einer Grillpfanne im heißen Öl 2 Minuten auf der Hautseite anbraten, dann wenden und 2 Minuten auf der Fleischseite braten. Herausnehmen, auf dem Ofengitter im Ofen auf der mittleren Schiene 15 bis 20 Minuten garen (Abtropfblech unterschieben!). Herausnehmen, in Alufolie wickeln und 5 Minuten ruhen lassen. In Scheiben schneiden.

3 Die Grenadillas waschen und längs halbieren. Mit den Schnittflächen im Fleischsaft bei schwacher Hitze 5 Minuten braten. Wenden und 2 bis 3 Minuten gar ziehen lassen. Radicchio putzen, waschen, trocken schütteln und die Blätter klein zupfen.

4 Essig, Limettensaft, Honig, Öle, Thymian und Sesam verrühren. Mit Salz und Pfeffer abschmecken und Entenbrust, Grenadillas und Radicchio damit beträufeln.

Hähnchenbrust
mit Topinambur

ZUBEREITUNG // 🕐 20 min // ▦ 15 min

1 Die Topinambur putzen, waschen und schälen. In 3 bis 4 mm dicke Scheiben schneiden und sofort in eine Schüssel mit reichlich kaltem Wasser legen, damit sie sich nicht verfärben.

2 Das Butterschmalz in einer beschichteten Pfanne erhitzen und die abgetropften Topinamburscheiben darin bei mittlerer Hitze etwa 10 bis 15 Minuten goldbraun braten. Dabei gelegentlich wenden und mit Salz und Pfeffer würzen. Den Knoblauch schälen, in Scheiben schneiden und während der letzten 5 Minuten mit in die Pfanne geben. Die Petersilie untermischen und mit dem Zitronensaft abschmecken.

3 Die Hähnchenbrustfilets waschen, trocken tupfen und mit Salz und Pfeffer würzen. Das Öl in einer Pfanne erhitzen und darin die Hähnchenbrustfilets auf jeder Seite 5 Minuten braten.

4 Die Hähnchenbrustfilets und die gebratenen Topinamburscheiben auf Tellern anrichten und mit den Petersilienblättern garnieren.

Gefüllte Putenbrust
im Speckmantel

ZUTATEN FÜR 4 PERSONEN

80 g getrocknete Cranberrys
4 Putenbrustfilets (à ca. 150 g)
200 g Esskastanien (Maronen;
vorgegart und vakuumiert)
1 Ei
2 EL geriebener Parmesan
Zimtpulver
gemahlene Gewürznelken
1 EL gehackter Thymian
Salz · Pfeffer aus der Mühle
ca. 8 Scheiben Pancetta
(ital. Bauchspeck vom Schwein)
8 Salbeiblätter
2 EL Olivenöl
200 ml trockener Weißwein
200 ml Hühnerbrühe

ZUBEREITUNG // 🕐 40 min // 🗓 25 min

1 Die Cranberrys in lauwarmem Wasser einweichen. Die Putenbrustfilets waschen, trocken tupfen und jeweils seitlich der Länge nach eine Tasche einschneiden.

2 Die Esskastanien fein hacken und in einer Schüssel mit Ei, Parmesan, je 1 Prise Zimt und Nelken und Thymian mischen. Die Cranberrys abtropfen lassen, die Hälfte davon unter die Mischung heben und mit Salz und Pfeffer würzen. Die Putenbrustfilets damit füllen und mit den Speckscheiben umwickeln. Jeweils 2 Salbeiblättchen darauflegen und mit Küchengarn wie einen Rollbraten fixieren.

3 Das Olivenöl in einer Pfanne erhitzen und die Putenbrustfilets darin rundum anbraten. Mit Wein und Brühe ablöschen, die übrigen Cranberrys hinzufügen und zugedeckt bei mittlerer Hitze etwa 15 Minuten köcheln lassen.

4 Die Putenbrustfilets herausnehmen und das Küchengarn entfernen. Die Sauce, falls nötig, noch etwas einköcheln lassen und mit Salz und Pfeffer abschmecken. Das Fleisch in Scheiben schneiden und mit der Sauce servieren. Dazu passen gebratene Polenta (siehe S. 110) und Schwarzwurzeln (siehe S. 111).

INFO   *Salbei ist ein echtes Multitalent: Das Kraut wächst ganzjährig und bleibt sogar bei winterlichen Temperaturen frisch. Sein Geschmack ist kräftig-würzig, und seine Heilkräfte sind vielfältig: Salbei hilft z.B. bei Halsschmerzen und unterstützt die Verdauung.*

Coq au vin
mit Pilzen und Speck

ZUBEREITUNG // 🕐 40 min // 🍴 1 h

1 Die Hähnchenteile mit Salz und Pfeffer würzen und in einem Schmortopf in 3 EL Öl portionsweise anbraten, wieder herausnehmen. Schalotten und Gemüse im restlichen Bratfett anrösten. Puderzucker darüberstäuben, Tomatenmark unterrühren und kurz mitrösten. Mit dem Wein ablöschen und die Brühe angießen. Die Hähnchenteile dazugeben und zugedeckt bei schwacher Hitze 1 Stunde garen. Dabei das Fleisch ab und zu wenden.

2 Den Speck in 1½ cm breite Streifen schneiden. Petersilie und Thymian waschen, trocken tupfen und mit den Lorbeerblätter zusammenbinden. Die letzten 10 Minuten mitgaren und wieder entfernen. Die Speisestärke mit 2 bis 3 EL kaltem Wasser glatt rühren und die Sauce damit binden. Mit Salz und Pfeffer abschmecken.

3 Das restliche Öl in einer Pfanne erhitzen und den Speck darin kross braten. Die Pilze dazugeben und weitere 2 bis 3 Minuten braten. Mit Salz und Pfeffer würzen und über das angerichtete Coq au vin streuen. Mit Petersilie garnieren und mit Baguette servieren.

ZUTATEN FÜR 4 PERSONEN

2 Hähnchen (à 900 g;
küchenfertig, in je 8 Teile geschnitten)
Salz · Pfeffer aus der Mühle
4 EL Öl
150 g kleine Schalotten (geschält)
je 100 g Möhren, Knollensellerie und
Petersilienwurzeln (in Würfeln)
1 EL Puderzucker
2 EL Tomatenmark
600 ml Rotwein
800 ml Hühnerbrühe
120 g durchwachsener Räucherspeck
(in Scheiben)
6 Stiele Petersilie · 4 Zweige Thymian
2 Lorbeerblätter
1–2 TL Speisestärke
200 g kleine Champignons (geputzt)

ZUTATEN FÜR 4 PERSONEN

4 Gänsekeulen (à 450–500 g)
Salz · Pfeffer aus der Mühle · 3 EL Öl
2 Zwiebeln · 100 g Möhren
150 g Knollensellerie (alles in Würfeln)
1 TL Puderzucker · 1 EL Tomatenmark
150 ml Orangensaft
200 ml roter Portwein
600 ml Hühnerbrühe
2 Lorbeerblätter
6 Zweige Thymian (gewaschen)
½ Zimtstange (zerdrückt)
1 EL Orangenmarmelade
1–2 TL Speisestärke
1 Dose braune Linsen (250 g Abtropf-
gewicht) · 1 EL Butter

Geschmorte Gänsekeulen

mit Linsen

ZUBEREITUNG // 🕐 45 min // 🍳 3 h 15 min

1 Die Gänsekeulen häuten, im Gelenk halbieren und mit Salz und Pfeffer würzen. Das Fleisch in einem Schmortopf im Öl rundum anbraten, herausnehmen. Die Gemüsewürfel im restlichen Bratfett anrösten. Den Puderzucker darüberstäuben und das Tomatenmark unterrühren. Mit Orangensaft ablöschen, dann den Portwein und die Brühe angießen. Die Keulen in die Sauce legen und zugedeckt bei schwacher Hitze 3 Stunden weich garen.

2 Die Gänsekeulen herausnehmen, das Fleisch ablösen, zerteilen und in eine ofenfeste Form geben. Die Sauce durch ein Sieb in einen Topf gießen und das Gemüse aus der Sauce mit dem Gänsefleisch im Ofen warm halten.

3 Kräuter, Gewürze und Marmelade zur Sauce geben und 5 Minuten köcheln lassen. Speisestärke glatt rühren und die Sauce damit binden. Mit Salz und Pfeffer würzen. Die Sauce durch ein Sieb über das Gänsefleisch gießen.

4 Die Linsen abgießen, waschen und gut abtropfen lassen. Die Linsen in der Butter 3 Minuten erwärmen und unter das Gänseragout mischen. Mit Rosenkohl garnieren.

Mein Lieblingsrezept für...

Wild

REHMEDAILLONS MIT PORTWEINSAUCE

🕐 15 min // 🍲 20 min // FÜR 4 PERSONEN

1 Für die Portweinsauce 1 Zwiebel und 1 Knoblauchzehe schälen, 2 Möhren und 100 g Knollensellerie putzen und schälen und alle Zutaten klein schneiden. 1 EL Tomatenmark, 2 Rosmarinzweige, 2 Thymianstiele, 1 Lorbeerblatt, 3 Pimentkörner und ½ EL schwarze Pfefferkörner bereitstellen.

2 In einem Topf 2 EL Butterschmalz erhitzen und das Gemüse darin kurz andünsten. Die Kräuter und Gewürze hinzufügen.

3 Mit 100 ml rotem Portwein und 100 ml Rotwein ablöschen und die Flüssigkeit etwas einkochen lassen. ½ l Gemüse- oder Wildfond dazugießen und nochmals reduzieren lassen. Die Sauce durch ein feines Sieb passieren und mit Salz und Pfeffer würzen.

4 Für das Fleisch 4 Rehrückenfilets (à ca. 150 g) waschen, trocken tupfen und in 1 EL Butterschmalz bei starker Hitze anbraten. Die Temperatur reduzieren und das Fleisch bei mittlerer Hitze bis zu einer Kerntemperatur von 60 °C rosa ziehen lassen. Mit einem Fleischthermometer überprüfen.

5 Die Rehfilets in Medaillons schneiden, mit Salz und Pfeffer würzen und mit der Portweinsauce beträufelt anrichten. Dazu passen z.B. Möhren und Selleriepüree.

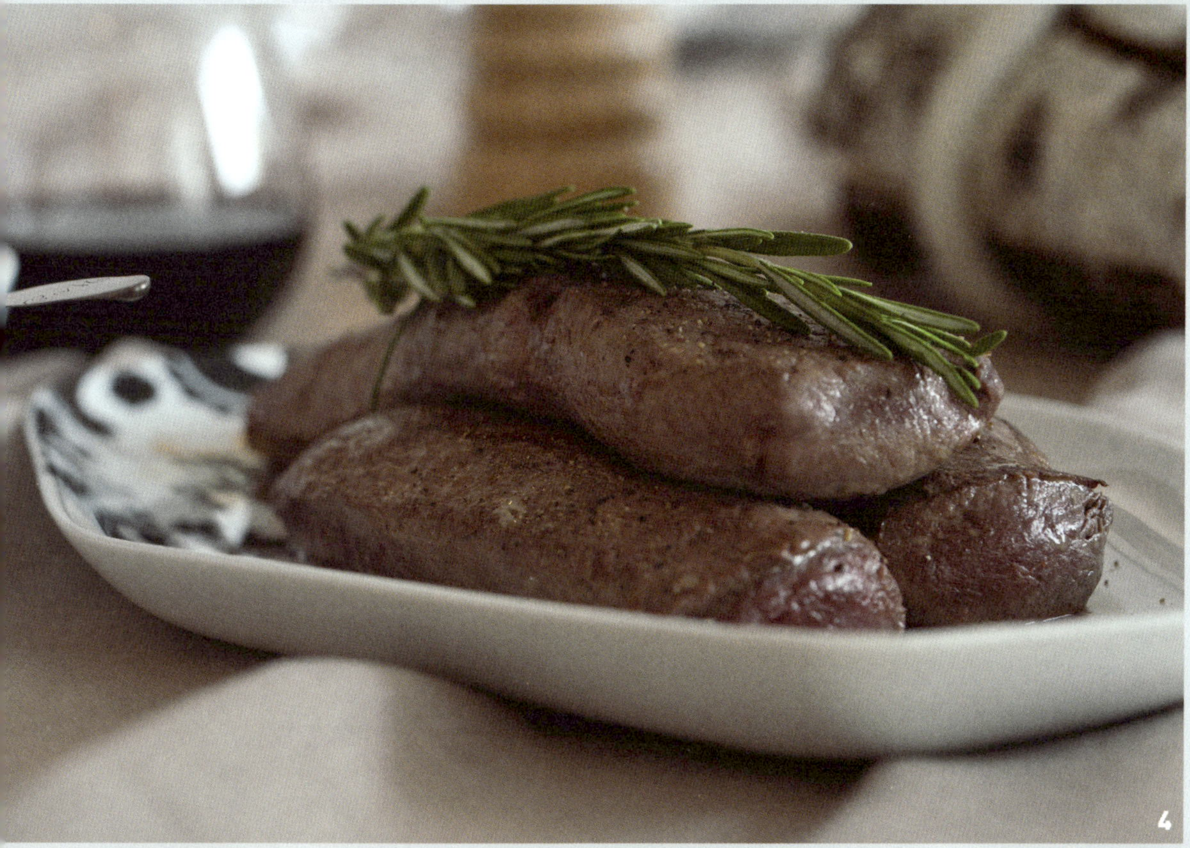

4

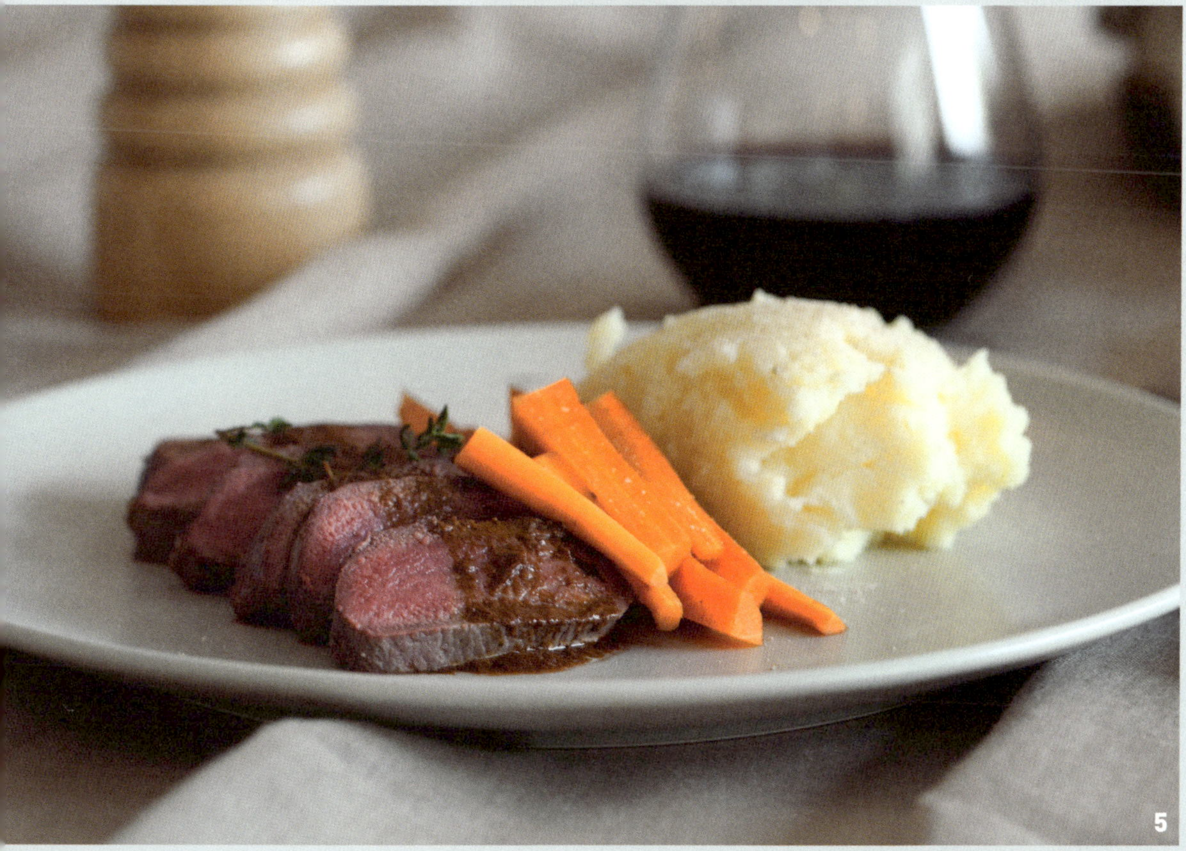

5

Lammkarree
mit Knoblauchkartoffeln

ZUBEREITUNG // ⏱ 25 min // ▤ 20 min

1 Den Backofen auf 200 °C vorheizen. Die Fettpfanne auf die mittlere Schiene schieben. Das
Lammkarree waschen, trocken tupfen und
mit Salz und Pfeffer würzen. Die Kartoffeln
schälen, waschen und in Spalten schneiden.

2 Den Knoblauch schälen und in feine Scheiben
schneiden. Rosmarin und Thymian waschen
und trocken schütteln, vom Thymian die
Blättchen abzupfen und fein hacken.

3 Das Lammfleisch mit der Fettschicht nach oben
in die heiße Fettpfanne setzen. Die Kartoffeln

und das Olivenöl rundum verteilen und mit
Salz und Pfeffer würzen. Das Karree im Backofen etwa 20 Minuten garen. Nach der Hälfte
der Garzeit die Kartoffeln wenden und Knoblauch, Rosmarin und Thymian hinzufügen.

4 Das Lammkarree in Stücke schneiden und
mit den Knoblauchkartoffeln auf Tellern
anrichten. Dazu gegarten, in Butter ge-
schwenkten und mit Petersilie bestreuten
Rosenkohl servieren.

ZUTATEN FÜR 4 PERSONEN

1 kg Lammkarree

Salz · Pfeffer aus der Mühle

1 kg festkochende Kartoffeln

2 Knoblauchzehen

je 1 Zweig Rosmarin und Thymian

4 EL Olivenöl

ZUTATEN FÜR 4 PERSONEN

1 Lammschulter (ca. 600 g;
ohne Knochen)
Salz · Pfeffer aus der Mühle
8–10 Softpflaumen
4–5 Möhren
3–4 Pastinaken
5 EL Olivenöl
3 EL Öl

Lammschulter
gefüllt mit Trockenpflaumen

ZUBEREITUNG // 🕐 25 min // 🍳 40 min

1 Das Fleisch waschen, trocken tupfen und auf der Innenseite mit Salz und Pfeffer würzen. Die Pflaumen in einer Reihe darauflegen, das Fleisch aufrollen und mit Küchengarn fixieren. Den Braten rundum mit Salz und Pfeffer würzen.

2 Den Backofen auf 200 °C Umluft vorheizen. Möhren und Pastinaken putzen, schälen und in kleine Würfel schneiden. Die Gemüsewürfel mit dem Olivenöl mischen und mit Salz und Pfeffer würzen.

3 Das Öl in einer Pfanne erhitzen und das Fleisch darin rundum braun anbraten. Die Lammschulter aus der Pfanne nehmen, in einen Bräter legen und das Gemüse am Rand verteilen. Im Backofen auf der mittleren Schiene etwa 35 Minuten garen.

4 Die Lammschulter herausnehmen, in Alufolie wickeln und 5 bis 10 Minuten ruhen lassen. Das Fleisch in Scheiben schneiden und nach Belieben im Bräter servieren.

Hirschrücken
mit Preiselbeerbirnen

ZUTATEN FÜR 4 PERSONEN

Für die Preiselbeerbirnen

2 Birnen · Saft von 1 Zitrone

3 Wacholderbeeren
(fein zerstoßen)

3 EL Butter

2 Päckchen Vanillezucker

Saft von 1 Orange

1 Sternanis · ½ TL Anissamen

2 EL Orangenmarmelade

1 EL Preiselbeerkonfitüre

1 TL Thymianblättchen

1 EL durchwachsener Räucherspeck (in Würfeln)

1 EL Walnusskerne · 1 Schalotte

Für den Hirschrücken

1 Zweig Rosmarin

2 Knoblauchzehen

1 EL Butter · 2 EL Öl

1 Hirschrücken (ca. 800 g)

Salz · Pfeffer aus der Mühle

2 cl Cognac · 200 ml Wildfond
(aus dem Glas)

3 EL saure Sahne

1 EL Johannisbeergelee
(oder -likör)

Saft von ½ Zitrone

ZUBEREITUNG // 🕐 30 min // 🍳 30 min

1 Für die Preiselbeerbirnen die Birnen halbieren, schälen und die Kerngehäuse entfernen. Die Birnenhälften mit dem Zitronensaft beträufeln und mit den Wacholderbeeren bestreuen.

2 In einer Pfanne 2 EL Butter erhitzen und den Vanillezucker hineinstreuen. Die Birnen hinzufügen und leicht karamellisieren. Mit dem Orangensaft ablöschen. Sternanis, Anissamen, Orangenmarmelade und Preiselbeerkonfitüre sowie Thymian hinzufügen und den Sud etwas einkochen lassen.

3 Den Speck in einer Pfanne auslassen. Die Walnüsse hacken. Die Schalotte schälen, in feine Würfel schneiden und mit der restlichen Butter und den Walnüssen zum Speck geben. Über die Birnen geben und die Birnen warm halten.

4 Für den Hirschrücken den Backofen auf 180 °C vorheizen. Ein Ofengitter auf die mittlere Schiene und darunter ein Abtropfblech schieben. Den Rosmarin waschen und trocken tupfen. Den Knoblauch ungeschält andrücken.

5 In einer Pfanne die Butter und 1 EL Öl erhitzen und den Hirschrücken darin auf beiden Seiten anbraten. Mit Salz und weißem Pfeffer würzen. Den Rosmarin und den Knoblauch dazugeben und kurz ziehen lassen. Das Fleisch aus der Pfanne nehmen und auf dem Gitter im Ofen etwa 15 Minuten rosa garen.

6 Inzwischen das Bratfett aus der Pfanne abgießen und den Bratsatz mit dem Cognac ablöschen. Den Fond angießen und sämig einkochen lassen. Die saure Sahne dazugeben und die Sauce mit Johannisbeergelee (oder -likör) und dem Zitronensaft abschmecken und nach Belieben durch ein feines Sieb streichen.

7 Den Hirschrücken aus dem Ofen nehmen und kurz ruhen lassen. In 4 Stücke schneiden und mit der Sauce auf vorgewärmte Teller verteilen. Jeweils 1 Birnenhälfte daneben anrichten und etwas Speck-Walnuss-Mischung darübergeben.

Rehgulasch
mit Rotweinsauce

ZUTATEN FÜR 4 PERSONEN

1 kg Rehfleisch
(aus der Schulter)
2 Zwiebeln
1 Möhre
150 g Knollensellerie
2 EL Öl
1 EL Tomatenmark
300 ml kräftiger Rotwein
¾ l Hühnerbrühe
1 Lorbeerblatt
¼ Zimtrinde
½ TL schwarze Pfefferkörner
1–2 TL Speisestärke
1 EL Johannisbeergelee
Salz · Pfeffer aus der Mühle
Weintrauben zum Garnieren

ZUBEREITUNG // 🕐 35 min // ▦ 2 h 40 min

1   Das Rehfleisch waschen, trocken tupfen, von Fett und Sehnen
befreien und in Würfel schneiden. Die Zwiebeln schälen, die
Möhre und den Sellerie putzen und schälen. Das Gemüse in
kleine Würfel schneiden und in 1 EL Öl andünsten.

2   Den Backofen auf 150 °C vorheizen. Das restliche Öl in einem
Schmortopf erhitzen, das Rehfleisch darin rundum anbraten und
wieder herausnehmen. Das Tomatenmark im verbliebenen Bratfett kurz anrösten. Nach und nach mit je ⅓ des Weins ablöschen
und jeweils sirupartig einköcheln lassen. Die Brühe angießen, das
Rehfleisch und das Gemüse dazugeben und das Gulasch offen
im Ofen auf der mittleren Schiene etwa 2 ½ Stunden schmoren.
Lorbeerblatt, Zimt und Pfefferkörner in einen Einwegteebeutel
füllen, nach 1 ½ bis 2 Stunden dazugeben.

3   Das Fleisch herausnehmen. Die Sauce durch ein Sieb passieren
und wieder in den Topf gießen. Die Stärke anrühren, die leicht
kochende Sauce damit binden und mit dem Gelee, Salz und Pfeffer abschmecken. Das Fleisch in der Sauce erwärmen.

Wildgeschnetzeltes
mit Preiselbeeren

ZUTATEN FÜR 4 PERSONEN

750 g Rehkeule
(ohne Knochen; küchenfertig)
50 g Preiselbeeren (frisch oder
tiefgekühlt)
150 ml Rotwein · 1 EL Zucker
100 g Perlzwiebeln
(aus dem Glas)
400 g Pfifferlinge · 2 Zwiebeln
50 g durchwachsener
Räucherspeck (am Stück)
2 EL Butterschmalz
3 EL Butter · 1 EL Mehl
¼ l Fleischbrühe · 100 g Sahne
2 Zweige Thymian
Salz · Pfeffer aus der Mühle
ca. 1 EL Zitronensaft

ZUBEREITUNG // ⏱ 25 min // 🔥 25 min

1 Die Rehkeule waschen und trocken tupfen. Das Fleisch in Streifen schneiden. Die Preiselbeeren mit 100 ml Rotwein und Zucker aufkochen lassen. Abgießen und den Rotweinsud auffangen. Die Perlzwiebeln abtropfen lassen. Die Pfifferlinge putzen. Die Zwiebeln schälen und in dünne Spalten schneiden. Den Speck in kleine Würfel schneiden.

2 Das Fleisch portionsweise in Butterschmalz anbraten und wieder herausnehmen. Die Zwiebelspalten in 1 EL Butter andünsten. Mit Mehl bestäuben, kurz anschwitzen und mit der Brühe ablöschen. Alles bei schwacher Hitze unter Rühren 2 Minuten köcheln lassen. Rotweinsud und restlichen Rotwein dazugeben. Die Sahne unterrühren, Rehfleisch und Thymian hinzufügen und zugedeckt bei schwacher Hitze etwa 10 Minuten garen.

3 Den Speck in der restlichen Butter anbraten. Die Pilze kurz mitbraten, mit Salz und Pfeffer würzen. Thymian wieder entfernen, Preiselbeeren, Perlzwiebeln und Pilze untermischen und erneut aufkochen. Mit Salz, Pfeffer und Zitronensaft abschmecken.

FISCH & MEERESFRÜCHTE

Fischfrikadellen

auf Lauch-Champignon-Gemüse

ZUTATEN FÜR 4 PERSONEN

Für die Fischpflanzerl

1 Scheibe Toastbrot

50 ml Milch

½ Bund Frühlingszwiebeln

je 250 g Hecht- und Zanderfilet

(ohne Haut)

1 Eigelb

Salz · Pfeffer aus der Mühle

½ TL Currypulver

1 Spritzer Zitronensaft

3 EL Weißbrotbrösel

4 EL Öl

Für das Gemüse

120 g kleine Champignons

1 kleine Stange Lauch

Salz

70 ml Gemüsebrühe

50 g Sahne

1 EL Sahnemeerrettich

(aus dem Glas)

1 EL kalte Butter

frisch geriebene Muskatnuss

ZUBEREITUNG // 🕐 40 min // 🍳 20 min

1 Für die Fischpflanzerl den Toast in kleine Würfel schneiden und in der Milch einweichen. Die Frühlingszwiebeln putzen, waschen und in Ringe schneiden. Die Fischfilets waschen, trocken tupfen und portionsweise im Blitzhacker zerkleinern. Die Fischmasse mit dem Eigelb, dem eingeweichten Toast und den Frühlingszwiebeln mischen. Mit Salz, Pfeffer, Currypulver und Zitronensaft würzen.

2 Aus der Fischmasse mit angefeuchteten Händen kleine Frikadellen formen und in den Weißbrotbröseln wenden. Das Öl in einer Pfanne erhitzen und die Fischfrikadellen darin bei schwacher Hitze auf beiden Seiten goldbraun braten. Die Fischfrikadellen herausnehmen, auf Küchenpapier abtropfen lassen und warm stellen.

3 Für das Lauch-Champignon-Gemüse die Pilze putzen, falls nötig, mit Küchenpapier trocken abreiben, und in dünne Scheiben scheiden. Den Lauch putzen, waschen und in Streifen schneiden. Etwas Salzwasser in einem Topf aufkochen und die Lauchstreifen darin einige Minuten bissfest kochen. In ein Sieb abgießen, kalt abschrecken und abtropfen lassen.

4 Die Brühe in einem Topf mit der Sahne und dem Sahnemeerrettich erhitzen und die kalte Butter hineinrühren. Die Lauchstreifen und die Pilzscheiben kurz in der Sauce erhitzen und mit etwas Muskatnuss würzen. Das Lauch-Champignon-Gemüse auf Teller verteilen und die Fischfrikadellen daraufsetzen.

TIPP *Wenn Sie ganz sicher gehen wollen, backen Sie vorab eine Probefrikadelle und würzen dann ggf. nochmals nach. Damit die Frikadellen schön gleichmäßig bräunen, muss genügend Fett in der Pfanne sein – geben Sie, falls nötig, zwischendurch noch etwas Öl dazu.*

Lachsforellen-Teriyaki
mit Wasabi-Lauch-Püree

ZUTATEN FÜR 4 PERSONEN

Für das Püree

500 g mehligkochende
Kartoffeln · Salz

200 g Lauch (nur das Grün)

60 g zerlassene Butter

ca. 125 ml heiße Milch

1–2 EL Wasabipaste
(jap. Meerrettich)

Für den Fisch

500 g Lachsforellenfilet
(mit Haut)

2–3 EL Limettensaft

Salz · Pfeffer aus der Mühle

3 EL Erdnussöl

4 EL Teriyakisauce

5–6 EL Butter

ZUBEREITUNG // ● 25 min // ▤ 30 min

1 Für das Püree die Kartoffeln schälen, waschen und in Würfel schneiden. In Salzwasser bei mittlerer Hitze 20 bis 25 Minuten weich garen.

2 Den Lauch putzen, waschen und in feine Ringe schneiden. Den Lauch in kochendem Salzwasser 5 bis 7 Minuten blanchieren, in ein Sieb abgießen, kalt abschrecken und abtropfen lassen. Mit der Butter in einem hohen Rührgefäß mit dem Stabmixer fein pürieren.

3 Die Kartoffeln abgießen, abtropfen lassen und durch die Kartoffelpresse in einen Topf drücken. Mit Lauchpüree, heißer Milch und Wasabi mischen, mit Salz würzen und warm halten.

4 Die Fischfilets waschen, trocken tupfen und in 4 Stücke schneiden. Mit Limettensaft beträufeln und mit Salz und Pfeffer würzen. Im Öl auf der Hautseite 3 Minuten anbraten, wenden und fertigbraten. Die Teriyakisauce darüber verteilen, vom Herd nehmen und die Butter mit dem Bratensatz verrühren. Den Fisch mit der Buttersauce beträufeln, das Püree dazu servieren.

Thunfisch

in Orangen-Gewürz-Marinade

ZUTATEN FÜR 4 PERSONEN

500 g Thunfischfilets
20 g Ingwer
60 ml Olivenöl
2 EL getrockneter Thymian
abgeriebene Schale von 1 Bio-
Orange
1 Msp. Chilipulver
Salz · Pfeffer aus der Mühle

ZUBEREITUNG // 🕐 15 min // 💧 1 h

1 Den Thunfisch waschen, trocken tupfen und in vier gleich große Stücke schneiden. Den Ingwer schälen und in kleine Würfel schneiden.

2 Für die Marinade das Olivenöl in einer Schüssel mit Ingwer, Thymian, Orangenschale und Chili verrühren. Die Thunfischscheiben damit rundum bestreichen, in eine Schüssel legen und die restliche Marinade darüberträufeln. Den Fisch zugedeckt bei Zimmertemperatur 1 Stunde marinieren.

3 Das restliche Olivenöl in einer Pfanne erhitzen. Den Fisch aus der Marinade nehmen, gut abtropfen lassen und darin auf jeder Seite 1 bis 2 Minuten braten. Den Thunfisch mit Salz und Pfeffer würzen, auf Teller verteilen und nach Belieben mit Basmatireis servieren.

Fish 'n' Chips
mit Kabeljaufilet

ZUTATEN FÜR 4 PERSONEN

800 g mehligkochende
Kartoffeln

2–3 l Erdnussöl

3 Zweige Rosmarin

½ TL abgeriebene
Bio-Zitronenschale

1 EL grobes Meersalz

1 großes Ei

180 g Mehl

¼ l dunkles Bier

2 EL zerlassene Butter

1 TL Paprikapulver (edelsüß)

Tabasco

Salz

500 g Kabeljaufilet
(oder Schellfisch oder Rotbarsch; ohne Haut)

Saft von ½ Zitrone

Pfeffer aus der Mühle

3–4 EL doppelgriffiges Mehl

Malzessig

ZUBEREITUNG // 🕐 45 min

1 Die Kartoffeln schälen und waschen. In 1½ cm dicke Stäbchen schneiden und 15 Minuten in kaltes Wasser legen. Herausnehmen und gut trocken tupfen. Das Öl in einem Topf auf 145 °C erhitzen und die Kartoffelstäbchen darin portionsweise 8 Minuten vorfrittieren. Herausnehmen und auf einem Sieb gut abtropfen lassen.

2 Den Rosmarin waschen und trocken schütteln, die Nadeln abzupfen und fein hacken. Im Mörser mit der Zitronenschale und dem Meersalz fein zerreiben.

3 Das Ei trennen. Das Mehl in eine Schüssel sieben und das Bier, die Butter und das Eigelb mit dem Schneebesen unterrühren. Mit Paprikapulver, Tabasco und Salz würzen. Die Kabeljaufilets waschen, trocken tupfen und in 12 gleich große, rechteckige Stücke schneiden. Mit Zitronensaft, Salz und Pfeffer würzen.

4 Den Backofen auf 80 °C vorheizen. Das Öl auf 175 °C erhitzen und die Kartoffeln darin nochmals portionsweise 3 bis 4 Minuten goldbraun frittieren. Herausnehmen, auf einem Sieb abtropfen lassen, auf ein Backblech geben, mit dem Rosmarin-Zitronen-Salz würzen und im Ofen warm halten.

5 Das Eiweiß mit 1 Prise Salz steif schlagen und unter den Bierteig heben. Die Fischstücke zuerst im doppelgriffigen Mehl wenden, dabei überschüssiges Mehl abklopfen. Dann durch den Teig ziehen und im Frittieröl portionsweise 4 bis 5 Minuten goldbraun ausbacken. Herausnehmen, auf Küchenpapier abtropfen lassen und mit Kartoffelstäbchen und Malzessig servieren.

TIPP *Wer auf das Frittieren mit viel Öl verzichten möchte, kann den Fisch auch in einer Pfanne in weniger Öl ausbacken und anstatt der „Chips" Kartoffel-Wedges aus dem Ofen zubereiten.*

Zanderfilet
auf gebratener Polenta

ZUBEREITUNG // ⏱ 20 min // ▦ 35 min

1 Für die Polenta die Brühe in einem Topf zum Kochen bringen. Den Polentagrieß unter Rühren einrieseln lassen und unter Rühren bei schwacher Hitze 20 Minuten ausquellen lassen. Den Parmesan unterrühren und die Polenta mit Salz und Pfeffer abschmecken. Ein Backblech mit Olivenöl einfetten. Die Polenta 2 cm hoch daraufstreichen und abkühlen lassen.

2 Für den Fisch das Zanderfilet waschen, trocken tupfen und in Stücke schneiden. Die Haut mehrmals schräg einritzen und auf beiden Seiten mit Salz würzen. Das Olivenöl in einer Pfanne erhitzen und die Fischstücke darin auf der Hautseite etwa 3 Minuten braten. Wenden, die Pfanne vom Herd nehmen und die Filets in der Resthitze einige Minuten gar ziehen lassen.

3 Die Polenta in rechteckige Stücke schneiden. In einer Pfanne die Butter erhitzen und die Polenta darin auf beiden Seiten goldbraun braten. Die Polenta auf Teller verteilen und das Zanderfilet darauf anrichten. Dazu passen in Rotwein geschmorte Zwiebeln mit Tomatenwürfeln und schwarzen Oliven.

ZUTATEN FÜR 4 PERSONEN

Für die Polenta
600 ml Hühnerbrühe
150 g mittelfeiner Polentagrieß
40 g geriebener Parmesan
Meersalz
Pfeffer aus der Mühle
Olivenöl für das Blech
4 EL Butter
Für den Fisch
600 g Zanderfilet (mit Haut)
Meersalz
4 EL Olivenöl

Für die Schwarzwurzeln
500 g Schwarzwurzeln
Salz · 2 EL Butter
1 EL Zucker · Pfeffer aus der Mühle
Für die Linsen
1 rote Zwiebel · 1 EL Öl
3 EL Aceto balsamico
200 g braune Linsen (gegart)
150 ml Gemüsebrühe
50 g kalte Butter
2 EL gehackte Petersilie · Salz
Für den Fisch
750 g Zanderfilet (mit Haut)
2–3 EL Zitronensaft
Salz · Pfeffer aus der Mühle
Mehl zum Wenden · 2 EL Öl
2 EL Butter · Kräuter zum Garnieren

Zanderfilet
auf Schwarzwurzeln

ZUBEREITUNG // 🕐 30 min // 🍳 25 min

1 Für die Schwarzwurzeln die Schwarzwurzeln unter fließendem kaltem Wasser abbürsten, schälen und in etwa 15 cm lange Stücke schneiden. In kochendem Salzwasser bissfest blanchieren, abgießen, kalt abschrecken und abtropfen lassen. Die Stücke längs halbieren und in der Butter anbraten. Mit Zucker bestreuen und mit Salz und Pfeffer würzen.

2 Die Zwiebel in feine Würfel schneiden, in Öl andünsten und mit Essig ablöschen. Die Linsen hinzufügen, die Brühe angießen und etwas einkochen lassen. Vom Herd nehmen, die

kalte Butter unterrühren und die Petersilie untermischen. Mit Salz abschmecken.

3 Die Fischfilets waschen und in 4 Stücke schneiden. Mit Zitronensaft beträufeln und mit Salz und Pfeffer würzen. Im Mehl wenden und im heißen Öl auf der Hautseite anbraten. Die Filets wenden und die Butter hinzufügen. Vom Herd nehmen und glasig ziehen lassen.

4 Die Zanderfilets zusammen mit den Linsen und den Schwarzwurzeln auf Tellern anrichten und mit den Kräutern garniert servieren.

Wolfsbarsch
in der Kräutersalzkruste

ZUTATEN FÜR 4 PERSONEN

1 großes Bund Rosmarin
3 Eiweiß
1 ½ kg grobes Meersalz
1 walnussgroßes Stück Ingwer
2 Knoblauchzehen
je 4 Streifen Bio-
Zitronen- und Orangenschale
1 Wolfsbarsch (1,2–1,4 kg;
küchenfertig)
3–4 EL Olivenöl

ZUBEREITUNG // 🕐 25 min // 🍽 40 min

1 Den Rosmarin waschen und trocken schütteln. Die Nadeln abzupfen und grob hacken, 1 EL davon beiseitelegen. Die Eiweiße in einer Schüssel verquirlen. Das Meersalz und den Rosmarin dazugeben und gut mischen.

2 Den Backofen auf 200 °C vorheizen. Den Ingwer und den Knoblauch schälen und in grobe Würfel schneiden. Beides im Mörser mit der Zitronen- und Orangenschale und dem beiseitegelegten Rosmarin zu einer Paste verarbeiten.

3 Den Wolfsbarsch innen und außen waschen und gut trocken tupfen. Innen mit der Paste einreiben und außen mit dem Olivenöl bestreichen.

4 Ein Backblech mit Backpapier belegen und ein Drittel des Salzes in Form des Fisches darauf verteilen. Aus Alufolie einen langen Streifen falten und als Umrandung um das Salz legen, damit die Form erhalten bleibt. Den Wolfsbarsch daraufsetzen und mit dem restlichen Salz gleichmäßig bedecken. Im Ofen auf der mittleren Schiene 35 bis 40 Minuten backen. Zum Servieren den Salzmantel aufbrechen und den Fisch filetieren. Mit frischem Baguette oder Kartoffeln, einem Salat und einer Aioli (siehe Tipp) servieren.

TIPP *Dazu passt eine Knoblauch-Aioli: 300 ml Öl, 1 Ei, 1 TL Senf, Salz, Pfeffer, etwas Zitronensaft und 4 bis 6 Knoblauchzehen in einem hohen Rührbecher mit dem Stabmixer pürieren, dabei den Pürierstab langsam von unten nach oben ziehen.*

Karpfen
im Bierteig

ZUTATEN FÜR 4 PERSONEN

800 g Karpfenfilets (ohne Haut)
Salz · Pfeffer aus der Mühle
80 g Mehl
80 g Speisestärke
¼ l Bier
100 g Butterschmalz
5 EL Öl
1 Bio-Zitrone

ZUBEREITUNG // 🕐 20 min

1 Die Karpfenfilets waschen, mit Küchenpapier trocken tupfen und in 4 Stücke schneiden. Die Filetstücke mit Salz und Pfeffer würzen.

2 Das Mehl und die Speisestärke in einem tiefen Teller mischen. Das Bier in einen zweiten tiefen Teller geben. Die Karpfenstücke erst in der Mehlmischung, dann im Bier und nochmals in der Mehlmischung wenden. Anschließend erneut durch das Bier ziehen und zum Abschluss in der Mehlmischung wenden.

3 Das Butterschmalz und das Öl in einer tiefen Pfanne erhitzen. Die panierten Karpfenstücke darin bei mittlerer Hitze auf beiden Seiten goldbraun braten. Die Karpfenstücke herausnehmen und auf Küchenpapier abtropfen lassen.

4 Die Zitrone heiß waschen, trocken reiben und in Spalten schneiden. Die Fischstücke auf einer vorgewärmten Platte anrichten und mit den Zitronenspalten garnieren. Dazu passt Kartoffelsalat (siehe S. 39).

Miesmuscheln
im Pergamentpapier

ZUTATEN FÜR 4 PERSONEN

2 kg Miesmuscheln
4 Tomaten
2 frische Knoblauchzehen
2 Schalotten
4 EL Olivenöl
Salz · Pfeffer aus der Mühle
ca. 80 ml trockener Weißwein
2 EL frisch gehackte Petersilie

ZUBEREITUNG // 🕐 20 min // 🍴 20 min

1 Die Muscheln unter fließendem kaltem Wasser gründlich abbürsten und die Bärte der Muscheln entfernen. Geöffnete Muscheln aussortieren. Die Tomaten kreuzweise einritzen, überbrühen, häuten, vierteln und entkernen. Das Fruchtfleisch in Würfel schneiden. Den Knoblauch und die Schalotten schälen und beides in feine Würfel schneiden.

2 Den Backofen auf 200 °C Umluft vorheizen. Vier gleich große, etwa 20 x 20 cm große Blätter Pergamentpapier auslegen und die Muscheln jeweils mittig darauf verteilen. Tomaten, Schalotten und Knoblauch darüber verteilen. Die Muscheln mit Olivenöl beträufeln und mit Salz und Pfeffer würzen. Das Pergamentpapier jeweils an den Ecken etwas nach oben halten, etwas Wein dazugeben, das Papier oben zusammendrehen und verschließen. Die Päckchen auf ein Backblech legen und im Ofen auf der mittleren Schiene 15 bis 20 Minuten garen.

3 Die Päckchen vorsichtig aus dem Ofen nehmen, das Pergamentpapier etwas öffnen und die Petersilie darüberstreuen.

Frittierte Garnelen
mit Safran-Schmorgemüse

ZUTATEN FÜR 4 PERSONEN

1 Döschen Safranfäden (0,1 g)

2 Zwiebeln

2 kleine Fenchelknollen

2 EL Olivenöl

150 ml trockener Weißwein

1 EL Honig

Salz · Pfeffer aus der Mühle

250 g Tomaten (aus der Dose)

1 EL Korinthen

150 g Kichererbsenmehl

1 TL gemahlener Kreuzkümmel

1 TL gemahlener Koriander

500 g Garnelen (vorgegart und bis auf den Schwanzfächer geschält)

Öl zum Frittieren

1 Handvoll Koriandergrün

2 Stiele Petersilie

Zucker

1–2 EL Zitronensaft

Zimtpulver

ZUBEREITUNG // ⏱ 40 min // ▭ 30 min

1 Den Safran in einem kleinen Schälchen in 2 EL warmem Wasser einlegen. Die Zwiebeln schälen und in Ringe schneiden. Den Fenchel putzen, waschen und in breite Streifen schneiden. Beides in einer tiefen Schmorpfanne im Olivenöl etwa 10 Minuten unter gelegentlichem Rühren andünsten.

2 Mit dem Safranwasser und dem Wein ablöschen, den Honig unterrühren und mit Salz und Pfeffer würzen. Die Tomaten und die Korinthen hinzufügen und das Gemüse zugedeckt bei schwacher Hitze 20 Minuten schmoren, dabei die letzten 5 Minuten ohne Deckel garen.

3 Inzwischen das Kichererbsenmehl in einer Schüssel mit dem Kreuzkümmel und dem Koriander mischen. Die Garnelen auf einem Sieb waschen, abtropfen lassen und mit Salz würzen. Die Garnelen in der Mehlmischung wenden, überschüssiges Mehl abklopfen. Reichlich Öl in einer tiefen Pfanne erhitzen. Es ist heiß genug, wenn sich an einem hineingehaltenen Holzlöffelstiel Blasen bilden. Die Garnelen darin portionsweise 1 bis 2 Minuten goldbraun frittieren. Mit dem Schaumlöffel herausheben und auf Küchenpapier abtropfen lassen.

4 Koriander und Petersilie waschen und trocken schütteln, die Blätter abzupfen und grob hacken. Das Safrangemüse mit 1 Prise Zucker, Zitronensaft, Zimt, Salz und Pfeffer abschmecken und auf tiefe Teller anrichten, die Garnelen daraufsetzen und mit den Kräutern bestreut servieren.

Hamburger Pannfisch
mit Kartoffeln und Speck

ZUBEREITUNG // 🕐 20 min // ▦ 25 min

1 Die Zwiebel schälen, in Ringe schneiden und in einen Topf geben. Mit ½ l Wasser auffüllen, das Lorbeerblatt, die Pfefferkörner und 1 TL Salz hinzufügen und den Sud aufkochen lassen.

2 Das Fischfilet waschen und mit in den Sud legen. Den Topf vom Herd nehmen und den Fisch etwa 8 Minuten gar ziehen lassen.

3 Die Kartoffeln pellen und in Scheiben schneiden. Den Speck und die Essiggurken in kleine Würfel schneiden. Das Butterschmalz in einer Pfanne erhitzen und die Kartoffelscheiben darin bei mittlerer Hitze von jeder Seite 3 Minuten braten. Den Speck dazugeben und einige Minuten mitbraten.

4 Den Fisch aus dem Sud nehmen, abtropfen lassen und unter die Kartoffeln mischen. Er sollte dabei leicht zerfallen. Die Gurkenwürfel dazugeben und mit Salz und Pfeffer würzen.

5 Die Sahne und den Senf verrühren und über den Pannfisch träufeln. Nochmals heiß werden lassen und nach Belieben in der Pfanne mit Petersilie bestreut servieren.

ZUTATEN FÜR 4 PERSONEN

1 Zwiebel

1 Lorbeerblatt

1 TL weiße Pfefferkörner

Salz

500 g Fischfilet (ohne Haut;
z. B. Kabeljau oder Rotbarsch)

800 g festkochende Kartoffeln
(am Vortag gegart)

80 g durchwachsener Räucherspeck

2–3 Essiggurken

2 EL Butterschmalz

Pfeffer aus der Mühle

100 g Sahne

1–2 TL Senf

1 EL gehackte Petersilie

ZUTATEN FÜR 4 PERSONEN

Für den Salat

1 kg vorwiegend festkochende
Kartoffeln (gekocht und gepellt) · Salz
1 Zwiebel · 2 EL Öl
400 ml Hühnerbrühe
3 EL Rotweinessig
1 EL scharfer Senf · Zucker
400 g Grünkohl

Für den Fisch

2 Eier · 100 g Mehl
150 ml Bier
Pfeffer aus der Mühle
4 EL weiche Butter · Salz
500 g Seelachsfilet
Öl zum Frittieren
einige Spritzer Zitronensaft
Mehl zum Wenden

Gebackener Fisch
mit Grünkohl-Kartoffel-Salat

ZUBEREITUNG // 🕐 40 min

1 Für den Salat die Kartoffeln in Scheiben schneiden. Die Zwiebel schälen und in feine Würfel schneiden. Die Zwiebelwürfel in 1 EL Öl bei milder Hitze dünsten und zu den Kartoffeln geben. Die Brühe erhitzen, mit Essig und Senf verrühren und mit Salz und 1 Prise Zucker würzen. Die Kartoffeln nach und nach unter das Dressing mischen.

2 Den Grünkohl waschen, die Blätter von den Stielen zupfen und in kochendem Salzwasser blanchieren. Abgießen, kalt abschrecken und abtropfen lassen. Den Grünkohl gut ausdrücken und unter den Kartoffelsalat mischen.

3 Für den Fisch die Eier trennen. Mehl, Bier und die Eigelbe glatt rühren, mit Pfeffer würzen und die Butter unterrühren. Eiweiße mit 1 Prise Salz schaumig schlagen und unterziehen.

4 Reichlich Öl in einem Topf erhitzen. Die Fischfilets waschen, trocken tupfen und in Stücke schneiden. Mit Zitronensaft beträufeln und mit Salz würzen. Die Filets zuerst im Mehl wenden, dann durch den Backteig ziehen und im heißen Öl 4 bis 5 Minuten frittieren. Mit dem Schaumlöffel herausnehmen und auf Küchenpapier abtropfen lassen. Zum Salat servieren.

Wallerfilet
im Wurzelsud

ZUTATEN FÜR 4 PERSONEN

½ Bund Estragon

600 g Wallerfilet
(ca. 1½ cm dick)

Salz · Pfeffer aus der Mühle

100 ml Weißwein

280 ml Gemüsebrühe

1 Möhre

1 Petersilienwurzel

200 g Knollensellerie

250 g Lauch

1 EL kalte Butter

einige Spritzer Weißweinessig

Zucker

2–3 TL frisch geraspelter
Meerrettich

ZUBEREITUNG // 🕐 25 min // ▦ 15 min

1 Den Estragon waschen und trocken schütteln. Das Wallerfilet waschen, trocken tupfen und mit Salz und Pfeffer würzen. Den Wein mit 200 ml Brühe, dem Estragon und etwas Salz aufkochen. Den Fisch in den Sud legen und zugedeckt bei schwacher Hitze etwa 14 Minuten ziehen lassen. Der Sud sollte dabei nicht kochen.

2 Inzwischen die Möhre, die Petersilienwurzel und den Sellerie putzen und schälen. Den Lauch putzen und waschen. Das Gemüse in feine Streifen von etwa 5 cm Länge schneiden. Die restliche Brühe in einer Pfanne erhitzen und das Gemüse darin bei mittlerer Hitze 2 bis 3 Minuten dünsten. Die kalte Butter hinzufügen und das Gemüse mit Salz, Pfeffer, Essig und 1 Prise Zucker würzen.

3 Das Fischfilet in 4 Portionen teilen und mit dem Wurzelgemüse in tiefen Tellern anrichten. Mit etwas Garsud begießen und mit dem Meerrettich bestreuen.

TIPP *Dazu schmecken Bouillonkartoffeln. Dafür 800 g festkochende Kartoffeln schälen, waschen und in etwa 1 cm große Würfel schneiden. In 1 l Gemüsebrühe 15 Minuten garen, abgießen und zum Waller servieren.*

Mein Lieblingsrezept für...

gebratenen Fisch

SALTIMBOCCA VOM SAIBLING

🕐 20 min // ▤ 20 min // FÜR 4 PERSONEN

1 Für den Fisch 4 Saiblinge (ca. 350 g; küchenfertig) waschen und mit Küchenpapier trocken tupfen. In einer Pfanne etwas Olivenöl
erhitzen und die Fische darin von beiden
Seiten braten.

2 Eine Handvoll Salbeiblätter waschen und
trocken tupfen, 8 Blätter beiseitelegen.
Reichlich Olivenöl in einer Pfanne erhitzen
und den Salbei darin knusprig anbraten.
Herausnehmen, auf Küchenpapier abtropfen
lassen und mit Salz würzen.

3 Die Saiblinge jeweils mit 1 Scheibe Parma-
schinken umwickeln, je 2 Blätter vom beiseitegelegten Salbei drauflegen und mit kleinen Holzstäbchen fixieren. Den umwickelten
Fisch in der Pfanne bei 170°C 15 bis 20 Minuten gar ziehen lassen.

4 Die Saltimbocca vom Saibling nach Belieben
in der Pfanne zusammen mit den frittierten
Salbeiblättern servieren. Dazu passt gebratene Polenta (siehe S. 110).

Petersilienwurzel-Gemüse
mit Lachsfilet

ZUTATEN FÜR 4 PERSONEN

500 g Petersilienwurzeln
2 Stangen Lauch
10 g Ingwer
1 Knoblauchzehe
1 rote Chilischote
2 EL Öl
2 EL gelbe Currypaste
¼ l Fischfond
400 ml Kokosmilch
2 Kaffir-Limettenblätter
Salz
Pfeffer aus der Mühle
1–2 EL Limettensaft
350 g Lachsfilet (ohne Haut)
1 Handvoll Koriander

ZUBEREITUNG // ⏱ 20 min // ▦ 15 min

1 Die Petersilienwurzeln putzen, schälen und grob raspeln. Den Lauch putzen, waschen, längs halbieren und in 5 cm lange Stücke schneiden. Ingwer und Knoblauch schälen und beides fein hacken. Die Chilischote längs halbieren, entkernen, waschen und in feine Ringe schneiden.

2 In einem Topf 1 EL Öl erhitzen und Ingwer und Knoblauch darin anbraten. Petersilienwurzeln, Lauch und Chilischote hinzufügen, die Currypaste unterrühren und kurz mitbraten. Mit dem Fond und der Kokosmilch ablöschen und einmal aufkochen lassen.

3 Die Kaffir-Limettenblätter waschen, in feine Streifen schneiden und dazugeben. Das Gemüse bei mittlerer Hitze 10 Minuten köcheln lassen. Mit Salz, Pfeffer und Limettensaft abschmecken.

4 Das Lachsfilet waschen, trocken tupfen und mit Salz und Pfeffer würzen. Das Fischfilet in etwa 1 ½ cm breite Tranchen schneiden. Das übrige Öl in einer Pfanne erhitzen und die Filetstücke darin rundum etwa 1 Minute braten.

5 Den Koriander waschen, trocken schütteln, die Blätter abzupfen und grob hacken. Die Blätter unter das Gemüse mischen, dieses auf Tellern anrichten und mit dem Lachsfilet servieren.

VEGETARISCH

Mein Lieblingsrezept für...
gefüllte Nudeln

RICOTTA-NUSS-RAVIOLI

🕐 45 min // FÜR CA. 40 STÜCK

1 Für die Füllung 100 g Walnusskerne ohne Fett anrösten und fein hacken. Mit 500 g Ricotta, 2 Eigelben, frisch geriebener Muskatnuss, Salz und Pfeffer mischen.

2 Auf der Arbeitsfläche 1 Rolle Nudelteig (Fertigprodukt) aufrollen. Jeweils 1 TL von der Füllung abnehmen und in größeren Abständen auf die obere Teighälfte setzen.

3 Die Eiweiße verquirlen und die Teigränder damit bestreichen.

4 Die untere Hälfte des Nudelteigs bündig nach oben klappen.

5 Jeweils zwischen den Füllungen den Teig mit den Fingern festdrücken.

6 Mit dem Messer in einzelne Ravioli schneiden. Mit der zweiten Teighälfte genauso verfahren.

7 Die Ravioli in reichlich Salzwasser garen. Wenn sie nach oben gestiegen sind, herausnehmen, mit etwas flüssiger Butter beträufeln und mit geriebenem Parmesan servieren.

Pastinake und Gelbe Bete

im Kichererbsenteig

ZUBEREITUNG // ⏱ 20 min // 🍳 20 min

1. Für den Teig in einer Schüssel 175 g Kichererbsenmehl mit 1 TL Salz, Chilipulver, Currypulver, Kreuzkümmel, 1 EL Öl und ¼ l Wasser zu einem glatten Teig verrühren. Den Teig etwa 10 Minuten ruhen lassen.

2. Inzwischen die Gelben Beten und die Pastinaken schälen und nach Belieben in mundgerechte Scheiben oder Spalten schneiden. In kochendem Salzwasser 5 Minuten bissfest blanchieren, in ein Sieb abgießen, kalt abschrecken und abtropfen lassen.

3. Das Öl in einem großen Topf erhitzen. Es ist heiß genug, wenn sich an einem hineingehaltenen Holzlöffelstiel Blasen bilden. Die Gemüsespalten im restlichen Mehl wenden, dann durch den Teig ziehen und portionsweise im heißen Öl goldbraun ausbacken. Das frittierte Gemüse auf Küchenpapier abtropfen lassen und warm servieren. Dazu passt z. B. eine Knoblauch-Aioli (siehe Tipp S. 113).

ZUTATEN FÜR 4 PERSONEN

200 g Kichererbsenmehl

Salz

1 Msp. Chilipulver

1 TL Currypulver

1 Msp. gemahlener Kreuzkümmel

ca. 750 ml Öl

400 g Gelbe Beten

400 g Pastinaken

1 kleiner Blumenkohl (ca. 800 g)

Salz

2 EL Butter

2 EL Mehl

150 ml Milch

150–200 g Sahne-Schmelzkäse

1 Eigelb

3 EL Sahne

Pfeffer aus der Mühle

frisch geriebene Muskatnuss

Butter für die Form

Blumenkohl
im Ofen überbacken

ZUBEREITUNG // 🕐 20 min // 🍳 30 min

1 Den Backofen auf 200 °C vorheizen. Den Blumenkohl putzen, waschen und in Röschen teilen. Die Röschen in kochendem Salzwasser etwa 5 Minuten bissfest blanchieren. Mit dem Schaumlöffel herausnehmen (das Kochwasser aufbewahren), kalt abschrecken und auf Küchenpapier gut abtropfen lassen.

2 Die Butter in einem Topf zerlassen, das Mehl dazugeben und unter Rühren anschwitzen. Mit 300 ml Kochwasser ablöschen und die Milch angießen. Den Schmelzkäse dazugeben und auflösen lassen. Das Eigelb mit der Sahne verrühren und unter die Blumenkohlsauce rühren. Mit Salz, Pfeffer und Muskatnuss abschmecken.

3 Die Auflaufform mit der Butter einfetten. Den Blumenkohl darin verteilen und mit der Sauce übergießen. Im Ofen auf der mittleren Schiene etwa 20 Minuten überbacken. Nach Belieben in der Form servieren.

Rote-Bete-Reibeplätzchen
mit Vanilleäpfeln

ZUTATEN FÜR 4 PERSONEN

2 Gemüsezwiebeln

600 g mehligkochende
Kartoffeln

2 Rote Beten

4 Eier

300 g Crème fraîche

4–5 EL Essig

Salz · Pfeffer aus der Mühle

frisch geriebene Muskatnuss

4 Äpfel (z.B. Elstar oder Boskop)

1 Zitrone

4–5 EL Öl

2 Vanilleschoten

4–5 EL Olivenöl

4 EL Zucker

ZUBEREITUNG // 🕐 30 min // ▦ 30 min

1 Die Zwiebeln schälen und in feine Würfel schneiden. Ein Sieb mit einem Küchentuch auslegen und die Zwiebelwürfel hineingeben. Die Kartoffeln schälen, waschen und zu den Zwiebeln ins Tuch raspeln.

2 Die Roten Beten schälen (dabei am besten Einweghandschuhe tragen) und ebenfalls zu der Masse raspeln. Das Gemüse im Tuch gut auswringen. Die Gemüseraspel in eine Schüssel geben und mit den Eiern, der Crème fraîche, Essig, 1 Prise Salz, Pfeffer und Muskatnuss mischen.

3 Die Äpfel vierteln und schälen, die Kerngehäuse entfernen und das Fruchtfleisch in Stücke schneiden. Etwa 200 ml Wasser aufkochen. Die Zitrone auspressen und den Saft mit den Apfelstücken dazugeben. Die Äpfel zugedeckt bei schwacher Hitze 5 bis 8 Minuten ziehen lassen.

4 Etwas Öl in einer Pfanne erhitzen. Mit einem Esslöffel die Reibeplätzchenmasse portionsweise in das Öl geben und flach streichen. Die Reibeplätzchen bei mittlerer Hitze anbraten. Zwischendurch die Unterseite kontrollieren. Nach etwa 3 Minuten wenden und die andere Seite braten.

5 Die Äpfel in ein feines Sieb abgießen und abtropfen lassen. Die Vanilleschoten längs halbieren und das Mark herauskratzen. Das Olivenöl in einem Topf bei schwacher Hitze erwärmen. Die Äpfel, den Zucker und das Vanillemark dazugeben und 5 Minuten ziehen lassen.

6 Inzwischen den Chicorée putzen und waschen und die Blätter vom Strunk lösen. Die Reibeplätzchen auf Teller verteilen und mit den Vanilleäpfeln servieren.

Tofu-Zitronen-Bällchen
mit Zuckerhutgemüse

ZUTATEN FÜR 4 PERSONEN

Für die Tofubällchen
1 Zwiebel · 1 Knoblauchzehe
400 g Tofu · 2 EL Sojamehl
Saft und abgeriebene Schale von
1 Bio-Zitrone
2 EL Hefeflocken
je 1 EL gehackter Thymian und
Oregano
Salz · Pfeffer aus der Mühle
ca. 50 g Paniermehl · 2 EL Öl
Für das Gemüse
500 g Zuckerhut · 1 EL Öl
Salz · Pfeffer aus der Mühle
100 ml Gemüsebrühe
4 EL Sahne

ZUBEREITUNG // ⏱ 20 min // 🍳 15 min

1 Für die Tofubällchen die Zwiebel und den Knoblauch schälen und in feine Würfel schneiden. Den Tofu fein zerdrücken und mit der Zwiebel und dem Knoblauch in eine Schüssel geben.

2 Das Sojamehl mit dem Zitronensaft anrühren und mit der Zitronenschale zum Tofu geben. Die Hefeflocken und die Kräuter hinzufügen und mit Salz und Pfeffer würzen. Alles gut mischen und so viel Paniermehl bzw. Wasser unterarbeiten, bis die Masse gut formbar ist. Aus der Tofumasse mit angefeuchteten Händen etwa 16 kleine Bällchen formen. Die Tofubällchen im Öl rundum etwa 5 Minuten braten.

3 Für das Gemüse vom Zuckerhut die äußeren Blätter entfernen. Den Kohl putzen, waschen und vierteln, den harten Strunk entfernen. Die Viertel in Streifen schneiden.

4 Das Öl in einem Topf erhitzen, den Zuckerhut darin andünsten und mit Salz und Pfeffer würzen. Die Brühe angießen, Sahne unterrühren und den Zuckerhut etwa 10 Minuten dünsten.

Gemüseragout
unter Süßkartoffelhaube

ZUTATEN FÜR 4 PERSONEN

250 g Süßkartoffeln
Salz · Pfeffer aus der Mühle
2 Zwiebeln
1 Knoblauchzehe
150 g Knollensellerie
2 Pastinaken · 2 Möhren
2 EL Öl
1 EL Tomatenmark
ca. 250 ml Gemüsebrühe
120 g Berglinsen
400 g passierte Tomaten
ca. 80 ml Sahne · 1 EL Butter
frisch geriebene Muskatnuss
100 g Feta (Schafskäse)

ZUBEREITUNG // ⏲ 30 min// ▦ 50 min

1 Die Süßkartoffeln gründlich waschen und in Salzwasser etwa 20 Minuten weich garen. Die Kartoffeln abgießen, ausdampfen lassen und möglichst heiß pellen.

2 Zwiebeln und Knoblauch schälen und in feine Würfel schneiden. Sellerie, Pastinaken und Möhren schälen und in Scheiben schneiden. Das Gemüse im Öl anbraten. Das Tomatenmark hinzufügen und die Brühe angießen. Die Linsen auf einem Sieb waschen und mit den Tomaten unter das Gemüse mischen. Das Ragout bei mittlerer Hitze etwa 30 Minuten köcheln lassen, dabei gelegentlich umrühren. Mit Salz und Pfeffer würzen.

3 Den Backofen auf 180 °C vorheizen. Die Süßkartoffeln fein pürieren. Sahne und Butter erhitzen und unter das Süßkartoffelpüree rühren. Mit Salz, Pfeffer und Muskatnuss würzen.

4 Den Feta in Scheiben schneiden. Das Gemüseragout in eine runde Auflaufform füllen und mit dem Käse belegen. Das Süßkartoffelpüree darauf verteilen, glatt streichen und im Ofen auf der mittleren Schiene etwa 20 Minuten überbacken.

Käsespätzle
mit Feldsalat und Kartoffeldressing

ZUTATEN FÜR 4 PERSONEN

Für den Feldsalat

200 g mehligkochende Kartoffeln

Salz

100 ml Gemüsebrühe

2 EL Weißweinessig

4 EL Öl

Pfeffer aus der Mühle

2 Handvoll Feldsalat

Für die Käsespätzle

6 große Eier

Salz

frisch geriebene Muskatnuss

300 g Mehl

ca. 160 g Hartweizengrieß

1 Zwiebel

2 Frühlingszwiebeln

2 Stiele Petersilie

200 g würziger Käse (z. B. Bergkäse)

1 EL Butter

ZUBEREITUNG // 🕐 40 min // 🍳 40 min // ⏳ 15 min

1 Für den Feldsalat die Kartoffeln schälen, waschen, in Stücke schneiden und in kochendem Salzwasser 20 bis 25 Minuten weich garen. Die Kartoffeln abgießen und ausdampfen lassen.

2 Für die Käsespätzle die Eier in einer großen Schüssel mit dem Schneebesen verquirlen. Mit Salz und 1 Prise Muskatnuss würzen. Das Mehl und den Grieß nach und nach dazugeben und unterrühren, bis ein zähflüssiger Teig entsteht. Gegebenenfalls etwas kaltes Wasser hinzufügen. Den Teig mit einem Teigschaber oder einem Holzlöffel kräftig durchschlagen, bis er Blasen wirft. Etwa 15 Minuten ruhen lassen.

3 Für das Dressing die Brühe in einem kleinen Topf erwärmen, die abgekühlten Kartoffeln hinzufügen und mit einer Gabel grob zerdrücken. Den Topf vom Herd nehmen und den Essig und das Öl dazugeben. Das Dressing mit dem Stabmixer pürieren und mit Salz und Pfeffer abschmecken. Den Feldsalat verlesen, waschen und trocken schleudern.

4 Die Zwiebel schälen und in feine Würfel schneiden. Die Frühlingszwiebeln putzen, waschen und in Ringe schneiden. Die Petersilie waschen und trocken tupfen, die Blätter abzupfen und fein hacken. Den Käse in kleine Stücke schneiden. Die Butter in einer Pfanne zerlassen und die Zwiebel darin anbraten.

5 Den Spätzleteig mit dem Spätzlehobel portionsweise in reichlich siedendes Salzwasser hobeln. Die Spätzle wenige Minuten ziehen lassen, bis sie an die Oberfläche steigen. Dann mit dem Schaumlöffel herausnehmen, kurz abtropfen lassen und in die Pfanne zu den Zwiebeln geben. Frühlingszwiebeln, Petersilie und Käse hinzufügen und alles in der Pfanne schwenken, bis der Käse geschmolzen ist. Auf Tellern anrichten, den Feldsalat daneben verteilen und mit dem Kartoffeldressing beträufeln.

Bandnudeln
mit Pastinaken

ZUBEREITUNG // 🕐 30 min

1 Die Pastinaken putzen, schälen, quer halbieren und die Hälften längs in dünne Scheiben schneiden. Die Weißkohlblätter waschen und in dünne Streifen schneiden.

2 Die Butter in einer Pfanne erhitzen und das Gemüse darin andünsten. Den Wein angießen und bei mittlerer Hitze zugedeckt etwa 5 Minuten garen. Mit Salz und Pfeffer würzen.

3 Die Nudeln in kochendem Salzwasser nach Packungsanweisung bissfest garen. Den Salat verlesen, waschen und trocken schütteln. Mit

den Pistazien im Küchenmixer oder mit dem Stabmixer fein pürieren, dabei nach und nach so viel Olivenöl dazugießen, bis ein sämiges Pesto entstanden ist. Den Orangensaft und den Parmesan unterrühren und das Pesto mit Salz und Pfeffer abschmecken.

4 Die Nudeln in ein Sieb abgießen, abtropfen lassen und mit dem Gemüse mischen. Das Pesto darüberträufeln und servieren.

ZUTATEN FÜR 4 PERSONEN

300 g Pastinaken

200 g Weißkohlblätter

2 EL Butter

70 ml trockener Weißwein

Salz · Pfeffer aus der Mühle

400 g Bandnudeln

120 g Feldsalat

50 g Pistazien

ca. 5 EL Olivenöl

Orangensaft

2 EL geriebener Parmesan

ZUTATEN FÜR 4 PERSONEN

Für die Schupfnudeln

700 g mehligkochende Kartoffeln

70 g Mehl · 1 Ei

3 TL Speisestärke · Salz

frisch geriebene Muskatnuss

Mehl für die Arbeitsfläche

4 EL Butter

Für das Kraut

1 Zwiebel

3 EL Butterschmalz

1 TL ganzer Kümmel · 1 TL Zucker

1 kg Weißkohl (in feine Streifen geschnitten)

2 EL Weißweinessig · Salz

¼ l Gemüsebrühe

4–5 Wacholderbeeren

Schupfnudeln
mit Bayrisch Kraut

ZUBEREITUNG // ⏱ 45 min // ▦ 40 min

1 Die Kartoffeln waschen und mit der Schale in wenig Salzwasser etwa 35 Minuten garen. Die Kartoffeln abgießen, ausdampfen lassen und pellen. Die Kartoffeln noch heiß durch die Kartoffelpresse drücken. Abkühlen lassen. Den Kartoffelbrei mit dem Mehl, Ei und der Speisestärke vermischen und mit 1 Prise Salz und Muskatnuss zu einem Teig verkneten.

2 Den Teig auf der bemehlten Arbeitsfläche zu fingerdicken Rollen formen, etwa 6 cm lange Stücke abschneiden und zu Schupfnudeln formen. Die Schupfnudeln in reichlich Salzwas-ser garen, bis sie oben schwimmen. In ein Sieb abgießen und abtropfen lassen.

3 Für das Kraut die Zwiebel schälen, in feine Würfel schneiden und in Schmalz anbraten. Kümmel und Zucker hinzufügen. Den Kohl dazugeben und kurz mitbraten. Mit Essig beträufeln, mit Salz würzen und mit der Brühe aufgießen. Wacholderbeeren hinzufügen und zugedeckt bei schwacher Hitze 30 Minuten weich dünsten.

4 Die abgekühlten Schupfnudeln in der Butter anbraten und mit dem Kraut servieren.

Linguine
mit Grünkohl

ZUTATEN FÜR 4 PERSONEN

400 g Grünkohl
Salz
2 Knoblauchzehen
4 EL Olivenöl
ca. 150 ml Gemüsebrühe
500 g Linguine
½ Bund Schnittlauch
1 TL Paprikaflocken
Pfeffer aus der Mühle
geriebener Parmesan

ZUBEREITUNG // ⏱ 15 min // 🍳 20 min

1 Die Grünkohlblätter von den Stielen streifen, waschen und in kochendem Salzwasser 6 Minuten bissfest blanchieren. In ein Sieb abgießen, kalt abschrecken, abtropfen lassen, gut ausdrücken und fein hacken. Den Knoblauch schälen und in feine Würfel schneiden. Das Olivenöl in einer Pfanne erhitzen und den Knoblauch darin bei mittlerer Hitze etwa 2 Minuten dünsten. Den Kohl hinzufügen, kurz mitbraten, mit der Brühe ablöschen und etwa 10 Minuten köcheln lassen. Falls nötig, noch etwas Gemüsebrühe hinzufügen.

2 Die Linguine in reichlich kochendem Salzwasser nach Packungsanweisung bissfest garen.

3 Den Schnittlauch waschen, trocken schütteln und in feine Röllchen schneiden. Mit den Paprikaflocken unter den Kohl mischen und mit Salz und Pfeffer abschmecken.

4 Die Nudeln in ein Sieb abgießen, abtropfen lassen und unter den Kohl mischen. Auf Teller verteilen und mit Parmesan bestreut servieren.

TIPP *Grünkohl schmeckt übrigens auch roh köstlich, z.B. klein geschnitten im Salat. Falls Sie keinen frischen Grünkohl erhalten, können Sie auch mal auf ein Produkt aus der Tiefkühltruhe zurückgreifen.*

Linsen
mit selbst gemachten Spätzle

Für die Linsen
400 g braune Linsen (Tellerlinsen)
1 Zwiebel
1 Knoblauchzehe
2 EL Butter
ca. 1 ½ l Gemüsebrühe
2 mehligkochende Kartoffeln
1 Lorbeerblatt
Salz · Pfeffer aus der Mühle
ca. ½ TL getrockneter Majoran
ca. 3 EL Essig

Für die Spätzle
500 g doppelgriffiges Mehl
6 Eier
Salz

ZUBEREITUNG // ⏱ 40 min // ▦ 45 min // 💧 3 h

1 Die Linsen verlesen und in einer Schüssel in kaltem Wasser mindestens 3 Stunden einweichen.

2 Die Zwiebel und den Knoblauch schälen und in feine Würfel schneiden. Die Butter in einem Topf erhitzen und Zwiebel und Knoblauch darin andünsten. Die Linsen abgießen, abtropfen lassen und kurz mitdünsten. So viel Brühe angießen, dass die Linsen bedeckt sind, und aufkochen. Die Kartoffeln schälen, waschen, fein reiben und zu den Linsen geben, das Lorbeerblatt hinzufügen. Die Linsen bei schwacher Hitze etwa 30 Minuten köcheln lassen, bis sie weich sind, aber noch Biss haben. Dabei öfter umrühren und regelmäßig etwas Brühe nachgießen.

3 Für die Spätzle den Teig zubereiten und garen (siehe S. 137).

4 Die Linsen mit Salz, Pfeffer, Majoran und Essig abschmecken. Die gegarten Spätzle eventuell in Butter schwenken und mit den Linsen auf einem Teller anrichten.

Gebratene Steckrüben

mit Linsenvinaigrette

ZUTATEN FÜR 4 PERSONEN

100 g Puy-Linsen
¼ l Gemüsebrühe
1 Möhre
½ Stange Lauch
1 rote Zwiebel
6 EL Olivenöl
2 EL Weißweinessig
1 EL Zitronensaft
2 EL Schnittlauchröllchen
Salz · Pfeffer aus der Mühle
600 g Steckrüben
1 TL Anissamen

ZUBEREITUNG // 🕐 20 min // 🍳 35 min

1 Für die Linsenvinaigrette die Linsen waschen, abtropfen lassen und mit der Brühe in einen Topf geben. Bei mittlerer Hitze etwa 25 Minuten garen, dabei gelegentlich umrühren.

2 Die Möhre schälen. Den Lauch putzen und waschen. Beides in feine Würfel schneiden und 1 Minute vor Garzeitende zu den Linsen geben. In ein Sieb abgießen, kalt abschrecken und abtropfen lassen.

3 Die Zwiebel schälen und in feine Würfel schneiden. In einer Schüssel mit den Linsen und dem Gemüse mischen und 4 EL Olivenöl, Essig, Zitronensaft und den Schnittlauch unterrühren. Die Linsenvinaigrette mit Salz und Pfeffer abschmecken.

4 Für die Steckrüben die Rüben putzen, schälen, vierteln und in Scheiben schneiden. Das restliche Olivenöl in einer Pfanne erhitzen und die Steckrüben darin bei mittlerer Hitze auf beiden Seiten braun braten. Den Anis dazugeben und mit Salz und Pfeffer würzen. Die Steckrüben auf eine Platte anrichten und die Linsenvinaigrette darüber verteilen.

Panierte Sellerieschnitzel
mit Selleriegemüse

ZUTATEN FÜR 4 PERSONEN

2 große Sellerieknollen

Salz

1 Ei

100 g Mehl

150 g Weißbrotbrösel

Pfeffer aus der Mühle

2–3 EL Öl

1 EL Butter

150 g Frischkäse

80 g Sahne

2 EL gehackte Petersilie

4 Zitronenspalten

ZUBEREITUNG // 🕐 25 min // ▥ 25 min

1 Die Sellerieknollen putzen, schälen und in 1 cm dicke Scheiben schneiden. Die Hälfte davon in 1 cm breite und 5 cm lange Stücke schneiden. Die Selleriescheiben und -stücke in reichlich kochendem Salzwasser 1 bis 2 Minuten blanchieren, abgießen und abtropfen lassen.

2 Das Ei in einem tiefen Teller verquirlen. Das Mehl und die Brösel jeweils in einen tiefen Teller geben. Die Selleriescheiben mit Pfeffer würzen und zuerst in Mehl, anschließend im Ei und zuletzt in den Bröseln wenden. Die Panade fest mit den Händen andrücken. Das Öl in einer Pfanne erhitzen und die Sellerieschnitzel darin auf beiden Seiten goldbraun braten.

3 Für das Selleriegemüse die Butter in einem Topf erhitzen und die Selleriestücke darin unter Schwenken leicht andünsten. Den Frischkäse und die Sahne unterrühren und mit Salz und Pfeffer würzen. Zuletzt die Petersilie hinzufügen und das Gemüse bei mittlerer Hitze 2 Minuten leicht köcheln lassen.

4 Das Selleriegemüse auf tiefe Teller verteilen, die Sellerieschnitzel darauf anrichten und mit den Zitronenspalten garniert servieren.

INFO *Knollensellerie ist gerade in der kalten Jahreszeit ein echter Fitmacher. Er enthält neben ätherischen Ölen Kalzium, Eisen und verschiedene Vitamine und stärkt damit die Abwehrkräfte.*

Piroggen
mit Champignonfüllung

ZUBEREITUNG // ⏱ 50 min // ▦ 30 min

1 Für den Teig Mehl, Salz, Eier und Öl in einer
Schüssel zu einem glatten Nudelteig verkneten und zugedeckt ruhen lassen.

2 Für die Füllung die Zwiebel schälen, in feine
Würfel schneiden und im Schmalz anbraten.
Sauerkraut und Gewürze dazugeben, den
Wein angießen und alles 10 Minuten dünsten.
Vom Herd nehmen und die Gewürze wieder
entfernen.

3 Die Champignons putzen und in kleine Würfel schneiden. Die Pilze in 1 EL Butter anbraten und mit Salz und Pfeffer würzen. Das

Sauerkraut möglichst ohne Flüssigkeit in einer Schüssel mit den Champignons mischen.

4 Den Teig auf der bemehlten Arbeitsfläche
dünn ausrollen. Mit einem runden Ausstecher
Kreise (6 cm Durchmesser) ausstechen. Die
Teigränder mit etwas Eiweiß bestreichen. Jeweils in die Mitte 1 TL Füllung geben, zusam-
menklappen und die Ränder andrücken.

5 Die Piroggen in reichlich siedendem Salzwasser
garen, bis sie an die Oberfläche steigen, dann
noch 2 Minuten ziehen lassen. Herausnehmen
und in der restlichen Butter schwenken.

ZUTATEN FÜR 4 PERSONEN

Für den Teig

375 g Mehl · ½ TL Salz

3 Eier · 1 EL Öl

Mehl für die Arbeitsfläche

1 Eiweiß

Für die Füllung

1 Zwiebel

1 EL Butterschmalz

200 g Sauerkraut

2 Nelken

3–5 Wacholderbeeren

1 Lorbeerblatt

2 EL trockener Weißwein

150 g Champignons

50 g Butter

Salz · Pfeffer aus der Mühle

ZUTATEN FÜR 4 PERSONEN

600 g gemischte Pilze (z. B. Champignons, Pfifferlinge)

je 1 Zwiebel und Knoblauchzehe

½ Bund Petersilie

3 EL Butter

Salz · Pfeffer aus der Mühle

frisch geriebene Muskatnuss

2 EL Mehl

150 ml Gemüsebrühe

400 g Sahne

Rahmpilze
auf bayrische Art

ZUBEREITUNG // 🕐 25 min

1 Die Pilze putzen, trocken abreiben und je
nach Größe halbieren oder vierteln. Die
Zwiebel und den Knoblauch schälen und in
feine Würfel schneiden. Die Petersilie waschen und trocken schütteln, die Blätter abzupfen und fein hacken.

2 In einer Pfanne 1 EL Butter erhitzen, die
Zwiebel und den Knoblauch darin andünsten.
Die Pilze dazugeben und bei mittlerer Hitze
etwa 10 Minuten mitdünsten. Mit Salz, Pfeffer und 1 Prise Muskatnuss würzen.

3 Die restliche Butter in einem Topf erhitzen,
das Mehl unterrühren und hell anschwitzen.
Nach und nach die Brühe und die Sahne unter ständigem Rühren dazugießen und einmal
aufkochen lassen. Die Pilze und die Petersilie
untermischen und bei schwacher Hitze kurz
köcheln lassen. Die Rahmpilze nach Belieben
mit Semmelknödeln anrichten.

Käsefondue
mit Endiviensalat und Linsen

ZUTATEN FÜR 4 PERSONEN

Für die Linsen
150 g Belugalinsen · Salz
2 EL Sardellenöl

Für den Endiviensalat
1 Endiviensalat
2 EL Weißweinessig
Salz · 3 EL Öl
1 TL Butter
100 g Walnusskerne (halbiert)
½ TL Zucker

Für das Käsefondue
300 g Bergkäse
300 g Emmentaler
300 g Gruyère
1 Knoblauchzehe
350 ml trockener Weißwein
(z. B. Riesling)
1 EL Butter
2 EL Dinkelmehl
150 ml weißer Traubensaft
Salz · Pfeffer aus der Mühle
frisch geriebene Muskatnuss
Kreuzkümmel
1 Weißbrot

ZUBEREITUNG // ⏱ 40 min

1 Für die Linsen die Linsen mit der dreifachen Menge Wasser in einem Topf aufkochen und 20 Minuten bei schwacher Hitze garen. Die Linsen in ein Sieb abgießen und abtropfen lassen. In eine Schüssel geben, mit etwas Salz würzen und abkühlen lassen. Dann das Sardellenöl unterrühren, die Linsen abschmecken und auf vier Schälchen verteilen.

2 Für den Endiviensalat den Salat putzen, waschen und trocken schleudern. Die Blätter in Streifen schneiden und in eine große Schüssel geben. Für das Dressing den Essig mit dem Salz verrühren, dann das Öl unterschlagen.

3 In einer kleinen Pfanne die Butter zerlassen und die Walnüsse darin kurz anrösten. Mit dem Zucker bestreuen und karamellisieren. Herausnehmen und abkühlen lassen.

4 Für das Fondue den Bergkäse, den Emmentaler und den Gruyère fein reiben. Die Knoblauchzehe schälen, halbieren und einen Fonduetopf damit ausreiben. 200 ml Wein in einem kleinen Topf erwärmen.

5 Die Butter im Fonduetopf erhitzen, das Mehl dazugeben und unter Rühren anschwitzen. Mit dem warmen Wein ablöschen und unter Rühren den restlichen Wein und den Traubensaft hinzufügen.

6 Den geriebenen Käse dazugeben und bei mittlerer Hitze unter Rühren langsam schmelzen. Das Käsefondue mit Salz, Pfeffer und je 1 Prise Muskatnuss und Kreuzkümmel abschmecken.

7 Das Weißbrot in mundgerechte Würfel schneiden. Den Salat mit dem Dressing mischen und mit den karamellisierten Walnüssen bestreuen.

8 Das Käsefondue auf den Rechaud stellen und mit dem Endiviensalat, den Linsen und den Walnüssen servieren.

SÜSSES & CO.

Mein Lieblingsrezept für...
winterliches Dessert

KARDAMOM-JOGHURTCREME MIT PASSIONSFRUCHT

🕐 10 Minuten // FÜR 4 PERSONEN

1 2 Bio-Orangen und ½ Limette waschen, trocken reiben und die Schale fein abreiben. Von allen Früchten den Saft auspressen.

2 10 Kardamomkapseln zerstoßen, die Samen von den Schalen lösen und im Mörser fein zerreiben.

3 Für die Joghurtcreme 600 g Naturjoghurt mit Orangenschale, -saft, ½ TL Zimt und dem Kardamom mischen. Nach Belieben mit Honig oder Agavendicksaft abschmecken. 5 Blatt Gelatine in kaltes Wasser legen und 10 Minu-

ten einweichen lassen. Etwas Sahne in einem Topf erwärmen, die gut ausgedrückte Gelatine darin unter Rühren auflösen und unter die Joghurtcreme rühren. 150 g steif geschlagene Sahne unterheben.

4 4 Passionsfrüchte halbieren und das Fruchtfleisch herauslöffeln.

5 Die Joghurtcreme in Gläser füllen und das Passionsfruchtfleisch darauf verteilen. Von der übrigen Limette Zesten abziehen und das Dessert damit garnieren.

Weiße Kaffeemousse
mit Gewürzorangen

ZUTATEN FÜR 4–6 PERSONEN

3 EL Kaffeebohnen (grob gehackt)

150 ml Milch

200 g weiße Schokolade (fein gehackt)

4 Eier · 2 Eiweiß

Salz · 130 g Zucker

4 Blatt weiße Gelatine (kalt eingeweicht)

150 g Sahne (steif geschlagen)

4 kernlose Orangen

200 ml Aprikosensaft

1 Vanilleschote · 1 Zimtstange

3 Sternanis

2 grüne Kardamomkapseln

1–2 TL Speisestärke (glatt gerührt)

ZUBEREITUNG // ⏱ 30 min // 💧 14 h // ❄ 4 h

1 Am Vortag die Kaffeebohnen mit der Milch aufkochen. Vom Herd nehmen und über Nacht ziehen lassen. Am nächsten Tag die Schokolade im heißen Wasserbad schmelzen. Eier trennen und die 6 Eiweiße mit 1 Prise Salz zu steifem Schnee schlagen. 50 g Zucker einrieseln lassen und 4 Minuten weiterschlagen.

2 Die Kaffeemilch durch ein Sieb in eine Metallschüssel gießen und mit den Eigelben im heißen Wasserbad cremig schlagen. Die Gelatine ausdrücken und in der Eiercreme auflösen. Vom Herd nehmen und die Schokolade unterrühren. Auf Zimmertemperatur abkühlen lassen. Die Sahne und dann den Eischnee unter die Creme heben und zugedeckt 4 Stunden kühl stellen.

3 Orangen schälen und filetieren, den Saft dabei auffangen. Orangen- und Aprikosensaft, restlichen Zucker, ausgekratzte Vanilleschote und -mark mit den Gewürzen aufkochen. Die Sauce mit der Speisestärke binden, über die Orangen gießen und 2 Stunden ziehen lassen. Die Gewürze wieder entfernen. Von der Mousse Nocken abstechen und mit den Gewürzorangen anrichten.

Cremiger Pudding
mit Schokolade

ZUTATEN FÜR 4 PERSONEN

80 g Zartbitterschokolade
1 l Milch
Salz
60–80 g Zucker
½ Vanilleschote
65 g Speisestärke

ZUBEREITUNG // 🕐 15 min

1 Die Schokolade klein hacken. Von der Milch 6 bis 8 EL abnehmen und beiseitestellen. Die restliche Milch mit der Schokolade, 1 Prise Salz, dem Zucker und der Vanilleschote in einem Topf unter Rühren zum Kochen bringen.

2 Die Milch bei schwacher Hitze köcheln lassen, bis die Schokolade geschmolzen ist.

3 Die Speisestärke mit der beiseitegestellten Milch glatt rühren und unter die köchelnde Schokoladenmilch rühren. Unter Rühren bei schwacher Hitze weiterköcheln, bis der Schokoladenpudding eindickt. Die Vanilleschote wieder entfernen.

4 Den Schokoladenpudding in Schälchen füllen und abkühlen lassen. Damit sich auf dem Pudding keine Haut bildet, den Pudding sofort mit Puderzucker bestäuben oder direkt mit Frischhaltefolie bedecken. Nach Belieben Hippen dazu servieren.

Vanillerisotto
mit Karamellbirnen

ZUTATEN FÜR 4 PERSONEN

Für den Reis
2 EL Butter
250 g Risottoreis
(alternativ Milchreis)
ca. 1 l Milch
1 Vanilleschote
50 g Zucker
Für die Birnen
4 Birnen
2 EL Butter
4 EL Zucker
2 cl Birnenschnaps
Saft von 1 Zitrone
100 ml Birnensaft

ZUBEREITUNG // ⏱ 20 min // 🍳 20 min

1 Für den Reis die Butter in einem Topf erhitzen und den Risottoreis darin andünsten. So viel Milch dazugießen, dass der Reis bedeckt ist. Die Vanilleschote längs aufschneiden und mit dem Zucker zum Reis geben. Die Milch unter häufigem Rühren einköcheln lassen. Den Vorgang wiederholen, bis der Reis nach etwa 15 Minuten noch leichten Biss hat.

2 Die Birnen waschen, längs halbieren und entkernen. Die Butter in einer Pfanne erhitzen und den Zucker darin leicht karamellisieren. Die Birnen mit der Schnittfläche nach unten in die Pfanne legen und leicht bräunen lassen. Mit dem Schnaps, dem Zitronen- und dem Birnensaft ablöschen und die Birnen darin etwa 8 Minuten weich garen. Währenddessen immer wieder mit der Karamellsauce übergießen.

3 Die Vanilleschote wieder entfernen und den Vanillerisotto auf Schälchen verteilen. Jeweils eine halbe Birne mit etwas Karamellsauce daraufgeben und servieren.

Ofenschlupfer
mit Äpfeln

ZUTATEN FÜR 4–6 PERSONEN

Butter für die Form
350 g Hefezopf (vom Vortag;
alternativ Milchbrötchen oder
Weißbrot)
700 g Äpfel
2 EL Rosinen
2 EL Mandelstifte
4 Eier · ca. ½ l Milch
75 g Zucker (bei Weißbrot etwas
mehr Zucker)
Mark von 1 Vanilleschote
1 TL abgeriebene
Bio-Zitronenschale
1 EL Butter
Zimtzucker zum Bestreuen

ZUBEREITUNG // 🕐 25 min // ⏳ 30 min // 🍽 45 min

1 Eine ofenfeste Form mit Butter einfetten. Den Hefezopf in dünne Scheiben schneiden. Die Äpfel schälen, mit dem Apfelausstecher die Kerngehäuse ausstechen und die Äpfel quer in Ringe schneiden. Die Hefezopfscheiben und die Apfelringe halb stehend mit den Rosinen und den Mandeln im Wechsel in die Form schichten, dabei mit den Zopfscheiben beginnen.

2 Die Eier mit der Milch, dem Zucker, dem Vanillemark und der Zitronenschale verquirlen. Die Eiermilch über den Zutaten in der Form verteilen und den Ofenschlupfer etwa 30 Minuten ziehen lassen.

3 Den Backofen auf 180 °C vorheizen. Die Butter in Stückchen auf dem Ofenschlupfer verteilen. Den Ofenschlupfer im Ofen auf der mittleren Schiene etwa 45 Minuten goldbraun backen. Zum Servieren mit etwas Zimtzucker bestreuen.

Birnenstrudel
mit Quitte

ZUTATEN FÜR 2 STRUDEL
(BZW. FÜR 12–16 STÜCKE)

Für den Teig
300 g Mehl · Salz
4 EL Öl
1 Eigelb

Für die Füllung
600 g Quitten
Zitronensaft
150 g Apfelsaft
100 g Zucker
1 TL Zimtpulver
1 TL abgeriebene Bio-
Zitronenschale
800 g Birnen
100 g Sultaninen
Mehl für die Arbeitsfläche
80 g flüssige Butter
zum Bestreichen
Puderzucker zum Bestäuben

ZUBEREITUNG // 🕐 1 h // ▦ 25 min

1 Das Mehl in eine Schüssel sieben und 1 Prise Salz darüberstreuen. In die Mitte eine Mulde drücken. 3 EL Öl mit 150 ml
lauwarmem Wasser und dem Eigelb in die Mulde geben und
alle Zutaten mit den Knethaken des Handrührgeräts oder auf
der bemehlten Arbeitsfläche zu einem glatten Teig verkneten.
Den Strudelteig halbieren, zu 2 Kugeln formen und mit dem restlichen Öl bestreichen. Die Teigkugeln jeweils in Frischhaltefolie
wickeln, bei Zimmertemperatur etwa 1 Stunde ruhen lassen.

2 Für die Füllung die Quitten vierteln, schälen, entkernen, in
kleine Stücke schneiden und mit Zitronensaft beträufeln. Mit
dem Apfelsaft, Zucker, Zimt und der Zitronenschale in einem
Topf mit geschlossenem Deckel etwa 15 Minuten weich garen,
dabei gelegentlich umrühren.

3 Inzwischen die Birnen schälen, vierteln, entkernen und das
Fruchtfleisch in dünne Scheiben schneiden. Die Birnenscheiben
3 Minuten vor Ende der Garzeit zu den Quitten geben und
mitgaren. Vom Herd nehmen, die Sultaninen unterrühren und
abkühlen lassen.

4 Den Backofen auf 200 °C vorheizen. Ein Backblech mit Backpapier belegen. Eine Teigkugel mit Mehl bestäuben und auf einem
großen bemehlten Küchentuch (40 x 40 cm) mit dem Nudelholz
etwas ausrollen. Den Teig über die Handrücken vorsichtig zu
einem hauchdünnen Rechteck ausziehen und sofort mit flüssiger Butter bestreichen.

5 Die Hälfte der Füllung an der Längsseite des Teigs in einem
Strang verteilen. Dabei an den Schmalseiten je einen 5 cm brei-
ten Rand frei lassen und diesen nach innen einschlagen. Den
Strudel mithilfe des Tuchs aufrollen und den Strudel mit der
Nahtseite nach unten auf das Backblech legen. Den zweiten
Strudel auf die gleiche Weise herstellen. Beide Strudel mit flüs-
siger Butter bestreichen und im Ofen auf der mittleren Schiene
20 bis 25 Minuten goldbraun backen.

6 Die Strudel herausnehmen, etwas abkühlen lassen und vor dem
Servieren mit Puderzucker bestäuben.

Walnussschmarren

mit Mascarpone und Äpfeln

ZUBEREITUNG // 🕐 25 min

1. 2 Eier trennen. Die Eiweiße mit 1 Prise Salz steif schlagen. Die Eigelbe in einer Schüssel mit den ganzen Eiern, 60 g Zucker und der Zitronenschale schaumig schlagen. Den Apfelsaft unterrühren. Das Mehl darübersieben und abwechselnd mit den Rosinen und Nüssen unterheben. Zuletzt den Mascarpone und nach und nach den Eischnee unterziehen.

2. Die Äpfel waschen, vierteln und die Kerngehäuse entfernen. Das Fruchtfleisch in dünne Scheiben schneiden.

3. In einer Pfanne 1 EL Butter erhitzen, den Teig etwa 3 cm hoch hineingießen und bei mittlerer Hitze kurz anbacken. Mit den Apfelscheiben belegen und weiterbacken, bis die Unterseite goldbraun ist. Den Schmarren wenden und die andere Seite ebenfalls goldbraun backen.

4. Den Teig mit zwei Pfannenwendern in Stücke reißen, die restliche Butter dazugeben und den Schmarren mit dem übrigen Zucker bestreuen. Weiterbacken und rundum knusprig karamellisieren. Mit Puderzucker bestäuben und noch warm servieren.

ZUTATEN FÜR 4 PERSONEN

4 Eier · Salz
75 g Zucker
1 TL abgeriebene
Bio-Zitronenschale
4 EL Apfelsaft
100 g Mehl · 2 EL Rosinen
50 g gemahlene Walnusskerne
200 g Mascarpone
250 g säuerliche Äpfel
(z. B. Boskop)
2 EL Butter
Puderzucker zum Bestäuben

ZUTATEN FÜR 1 GUGELHUPFFORM

Für den Rührteig

250 g weiche Butter

150 g Zucker · 4 Eier

400 g Mehl

1 Päckchen Backpulver

100 g geschlagene Sahne

2 Bio-Limetten

250 g gemahlener Mohn

2 EL Orangenlikör

(z. B. Grand Marnier)

Für die Glasur

Saft und Zesten von 1 Bio-Limette

150 g Puderzucker

Außerdem

Butter für die Form

Mohngugelhupf
mit Limettenglasur

ZUBEREITUNG // 🕐 35 min // 🍳 50 min

1 Den Backofen auf 175 °C vorheizen. Gugel-hupfform einfetten. Butter und Zucker mit den Quirlen des Handrührgeräts schaumig rühren. Nach und nach die Eier unterrühren. Mehl und Backpulver mischen, auf die Buttermasse sieben und mit der Sahne unterheben. Den Teig halbieren.

2 Die Limetten heiß waschen, trocken reiben und die Schale fein abreiben, die Limetten auspressen. Unter eine Teighälfte die Limettenschale und den -saft rühren, die andere Hälfte mit dem Mohn und dem Likör mischen.

3 Den Mohnteig in die Form füllen, den Limettenteig darauf verteilen und glatt streichen. Mit einer Gabel spiralförmig durch den Teig ziehen, sodass eine Marmorierung entsteht. Den Mohngugelhupf im Ofen auf der untersten Schiene 50 Minuten backen.

4 Herausnehmen und 5 Minuten ruhen lassen, dann aus der Form lösen, vorsichtig stürzen und auskühlen lassen. Für die Glasur den Limettensaft mit dem Puderzucker glatt rühren, den Kuchen damit überziehen und mit den Limettenzesten garnieren.

Germknödel

mit Mohnbutter

Für die Germknödel

12 g frische Hefe

ca. 150 ml lauwarme Milch

3 EL Zucker

250 g Mehl

4 EL Butter

2 Eigelb

Mehl für die Arbeitsfläche

ca. 100 g Pflaumenmus

Zimtpulver

Salz

Für die Mohnbutter

100 g Butter

5 EL gemahlener Mohn

2 EL Puderzucker

ZUBEREITUNG // 🕐 40 min // ⏳ 1 h 20 min // 🍳 15 min

1 Für die Germknödel die Hefe zerbröckeln und in etwas lauwarmer Milch mit dem Zucker auflösen. Das Mehl in eine Schüssel sieben und eine Mulde hineindrücken. Die aufgelöste Hefe hineingießen und mit etwas Mehl zu einem dünnen Brei verrühren. Zugedeckt etwa 20 Minuten gehen lassen.

2 Die Butter zerlassen, mit den Eigelben dazugeben und mit dem restlichen Mehl mit den Knethaken des Handrührgeräts zu einem glatten Teig verkneten. Zugedeckt an einem warmen Ort 20 Minuten gehen lassen. Den Teig in 4 gleich große Stücke teilen, jeweils kräftig durchkneten, zu Kugeln formen und nochmals 20 Minuten gehen lassen.

3 Das Pflaumenmus mit 1 Prise Zimt verrühren. In jede Teigkugel ein Loch drücken und jeweils etwa 2 EL Mus einfüllen. Die Teigränder wieder sorgfältig verschließen. Die Teigkugeln nochmals 20 Minuten gehen lassen.

4 In einem weiten Topf reichlich Salzwasser zum Kochen bringen. Die Germknödel im siedenden (nicht kochenden!) Wasser bei schwacher Hitze etwa 15 Minuten ziehen lassen. Die Knödel sollten sich dabei nicht berühren. Nach der Hälfte der Garzeit vorsichtig wenden.

5 Für die Mohnbutter 80 g Butter in einem kleinen Topf erhitzen und den Mohn und den Puderzucker unterrühren. Die Knödel mit dem Schaumlöffel herausheben und abtropfen lassen. Auf Tellern anrichten und mit der Mohnbutter begießen. Die übrige Butter in Flöckchen auf den Germknödeln verteilen.

Apfelküchle
mit Zimt und Zucker

ZUBEREITUNG // 🕐 30 min

1   Die Äpfel schälen, mit dem Apfelausstecher die Kerngehäuse entfernen und die Äpfel in 1 cm dicke Ringe schneiden. Die Apfelringe mit dem Vanillezucker bestreuen.

2   Das Mehl, 1 Prise Salz, das Eigelb und die Milch gründlich verrühren. Die Zitronenschale und die Butter unterrühren und den Teig etwa 15 Minuten quellen lassen.

3   Inzwischen das Ausbackfett in einem hohen Topf erhitzen. Es ist heiß genug, wenn sich an einem hineingehaltenen Holzlöffelstiel Blasen

bilden. Die Eiweiße steif schlagen, dabei 1 TL Zucker einrieseln lassen. Den Eischnee unter den Teig heben.

4   Die Apfelringe durch den Teig ziehen, kurz abtropfen lassen und portionsweise im heißen Fett goldbraun ausbacken, dabei einmal wenden. Die Apfelküchle auf Küchenpapier abtropfen lassen. Den restlichen Zucker mit dem Zimt mischen. Die Apfelküchle im Zimtzucker wenden und noch warm servieren.

ZUTATEN FÜR 4 PERSONEN

4 mittelgroße Äpfel

1 Päckchen Vanillezucker

120 g Mehl

Salz

1 Eigelb

⅛ l Milch (oder Weißwein)

abgeriebene Schale von ½ Bio-Zitrone

2 EL zerlassene Butter

Butterschmalz (oder Öl)
zum Ausbacken

2 Eiweiß

4 EL Zucker

½ TL Zimtpulver

ZUTATEN FÜR 4 PERSONEN

200 ml Apfelsaft

400 ml Cidre

2 Bio-Orangen

4 Sternanis

5 EL brauner Rum

2–3 EL Ahornsirup

4 Zimtstangen zum Garnieren

Apfelpunsch
mit Cidre

ZUBEREITUNG // 🕐 5 min // ⏳ 10 min

1 Den Apfelsaft und den Cidre in einen Topf geben. Die Orangen heiß waschen und trocken reiben. Die Schale mit einem Sparschäler möglichst dünn schälen, den Saft auspressen. Orangenschale und -saft mit dem Sternanis in den Topf geben und den Punsch langsam erhitzen. Er sollte nicht kochen.

2 Den Punsch 10 Minuten ziehen lassen, dann den Rum dazugießen und mit Ahornsirup süßen. Den Apfelpunsch in vier Gläser verteilen und mit Zimtstangen und Sternanis garniert servieren.

Register

Bildnachweis

UMSCHLAG
Eising Studio|Food Photo & Video: Rezept Seite 78;
INNENTEIL:
S. Braun: 19 (2. v. o.), 98; Eising Studio|Food Photo &
Video: 24–25, 45, 78, 100; S. Eising: 22 o., 43, 47, 86, 105,
119; C. Friese: 36–37, 64–65, 94–95, 122–123, 128–129,
152–153; J. Kirchherr: 75, 133, 136; Kramp & Gölling:
54–55, 57, 58, 60, 61, 70, 72–73, 77, 80, 81, 82, 84, 85,
96, 101, 114, 142, 149, 157, 164; J.-P. Westermann: 18
(M.), 19 (o.), 26–27, 29, 30, 34, 35, 68, 76, 92, 93, 102–
103, 108, 110, 112, 120, 154;
STOCKFOOD K. Arras: 118; Bauer Syndication: 117;
P. Blundell: 46; B. Bonisolli: 163; H. Brown: 22 (u.);
R. Castilho: 146; W. Cimbal: 21 (l.), 53; G. Crudo: 71;
B. Dearnley: 88; Eising Studio|Food Photo & Video:
12 u., 15 (M. o. und M. u.), 18 (o. und u.), 39, 50, 52, 62, 63,
125, 126–127, 134, 138, 144, 147, 150–151, 158, 161;
és-cuisine: 107; K. Field Photography Ltd: 22 (2. v. o.);
Foodcollection: 4–5; I. Garlick: 141; Gräfe & Unzer
Verlag / K.-M. Einwanger: 48, 130; Gräfe & Unzer
Verlag / Mader & Schmidt: 13 (l.); Gräfe & Unzer Verlag
/ W. Schardt: 6–7; Gräfe & Unzer Verlag / J. Rynio: 160;
P. Gross: 15 (3. v. o.), 22 (2. v. u.); A. Guerani: 97; Jalag /
Grossmann.Schuerle: 33; Jalag / M. Schindler: 42; V.
Janssen: 155; Keller & Keller Photography: 131; U.
Kerth: 15 (o.); P. Kooijman: 115; J. Lee Studios: 14 (o.);
W. Lingwood: 38; L. Lister: 51; B. Lülf: 20 (u.);
D. Marsden: 14 (2. v. o.); Maskot Bildbyra AB: 13 (r.);
M. Matassa: 91; K. Newedel: 14 (u.), 139; J. Norton:
165; Photocuisine/H. Taillard: 21 (r.); Picture Box/Luna:
14 (2. v. u.); A. Plewinski: 12 o.; D. Reiter: 59; Riess
Studio: 19 (u.); A. Sass: 20 (o.); W. Schardt: 135, 143;
M. Schindler: 8–15, 18–23; Sporrer/Skowronek: 41, 67;
Studio Lipov: 19 (2. v. u.); Studio R. Schmitz: 23;
T. Stürmer GmbH: 66; C. Timmann: 89; M. Wissing: 16–
17, 111, 156; M. Zaki: 15 (2. v. u.)

DIE REZEPTSYMBOLE

⏱ – Zubereitungszeit

▭ – Garzeit

⧗ – Wartezeit

❋ – Kühlzeit

💧 – Einweich-/Marinierzeit